史記菁華錄

冊五

司馬遷 著

白山出版社

陳涉世家

題解　《陳涉世家》選自《史記》卷四十八，世家第十八。公元前二二一年，秦始皇用武力完成了中國的統一，結束了戰國二百多年的紛争局面，建立了第一個中央集權的封建制國家。統一之後，他又采取了一些厚今薄古的措施，進行了政治經濟和文化上的一系列改革，推動了封建經濟和文化的發展，對中國歷史的前進起到了進步的作用。但是，秦始皇爲了加强統一帝國的統治，加重了對農民的剥削和壓迫。沉重的賦税、繁重的徭役和殘酷的刑罰，逼得廣大農民走投無路。終於在公元前二〇九年爆發了由陳勝、吴廣領導的農民起義。由於各地紛紛響應，使這次起義迅速發展成燎原大火。陳勝、吴廣雖在起義後不久身死，但各地紛起響應的起義部隊終於推翻了秦王朝的統治。《陳涉世家》是記這次起義的領袖陳涉、吴廣的傳記。文中真實、具體、完整地記述了爆發這次農民大起義的原因、經過和結局，從中反映了農民階級的智慧、勇敢和大無畏的鬥争精神。按《史記》體例，『世家』是王侯的傳記，陳涉不屬王侯，也把他列入『世家』，這是因爲司馬遷認爲：『秦失其政，而陳涉發迹，諸侯作難，風起雲蒸，卒亡秦族。天下之端，自涉發難。』（《太史公自序》）司馬遷敢於爲陳涉立傳，并破格將其事迹列入『世家』，表明他對陳涉歷史地位及起義作用的重視和肯定，也表現了他卓越的見識。

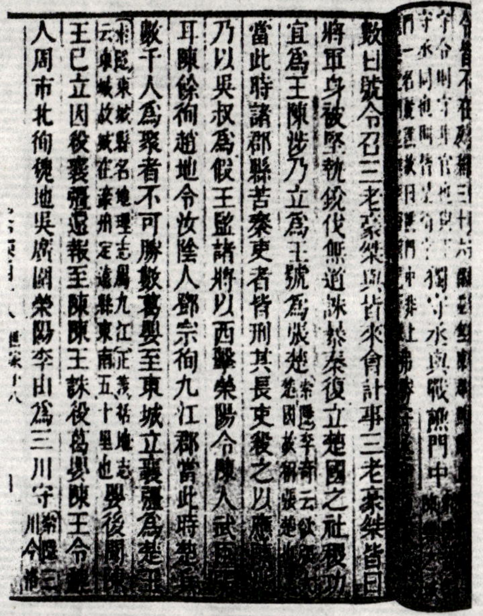

《史記》中對陳勝、吴廣起義的記載

原文　陳勝者，陽城人也，字涉。吴廣者，陽夏人也，字叔。陳涉少時，嘗與人傭耕，輟耕之壟上，悵恨久之，曰：『苟富貴，無相忘。』庸①者笑而應曰：『若爲庸耕，何富貴也？』陳涉太息曰：『嗟乎，燕雀安知鴻鵠之志哉！』

韋昭云屬潁川，地理志云屬汝南。不同者，按郡縣之名隨代分割。蓋陽城舊屬汝南，今爲汝陰，後又分隸潁川，韋昭據以爲説，故其不同。他皆放此。

注釋　①庸：同『傭』，被雇用的人。

姚氏按：隱士遺章邯書云『李斯爲二世廢十七兄而立今王』，則二世是始皇第十八子也。

（將尉）官也。漢舊儀『大縣二人，其尉將屯九百人』，故云將尉也。

譯文 陳勝是陽城人，字涉。吳廣是陽夏人，字叔。陳涉年少之時，曾經和別人一起被雇傭耕田。一次陳涉耕田時停了下來，來到田埂上休息，憤恨不平了很長時間，說：『要是富貴了，可別相互忘記了。』一同受雇的耕者笑着回答他說：『你不過是個受雇耕田的，能有什麼富貴呢？』陳涉嘆息着說：『唉！燕雀怎麼會知曉鴻鵠的志向呢？』

原文 二世元年七月，發閭左敵①戍漁陽，九百人屯大澤鄉。陳勝、吳廣皆次當行，爲屯長。會天大雨，道不通，度已失期。失期，法皆斬。陳勝、吳廣乃謀曰：『今亡亦死，舉大計亦死，等死，死國可乎？』陳勝曰：『天下苦秦久矣。吾聞二世少子也，不當立，當立者乃公子扶蘇。扶蘇以數諫故，上使外將兵。今或聞無罪，二世殺之。百姓多聞其賢，未知其死也。項燕爲楚將，數有功，愛士卒，楚人憐之。或以爲死，或以爲亡。今誠以吾衆詐自稱公子扶蘇、項燕，爲天下唱②，宜多應者。』吳廣以爲然。乃行卜。卜者知其指意，曰：『足

下事皆成，有功。然足下卜之鬼乎！』陳勝、吳廣喜，念鬼，曰：『此教我先威衆耳。』乃丹書帛曰『陳勝王』，置人所罾魚腹中。卒買魚烹食，得魚腹中書，固以③怪之矣。又間令吳廣之次所旁叢祠中，夜篝火，狐鳴呼曰『大楚興，陳勝王』。卒皆夜驚恐。旦日，卒中往往語，皆指目陳勝。

吳廣素愛人，士卒多爲用者。將尉醉，廣故數言欲亡，忿恚尉，令辱之，以激怒其衆。尉果笞廣。尉劍挺，廣起，奪而殺尉。陳勝佐之，并殺兩尉。召令徒屬曰：『公等遇雨，皆已失期，失期當斬。藉弟令毋斬，而戍死者固十六七。且壯士不死即已，死即舉大名耳，王侯將相寧有種乎！』徒屬皆曰：『敬受命。』乃詐稱公子扶蘇、項燕，從民欲也。袒右，稱大楚。爲壇而盟，祭以尉首。陳勝自立爲將軍，吳廣爲都尉。攻大澤鄉，收而攻蘄。蘄下，乃令符離人葛嬰將兵徇蘄

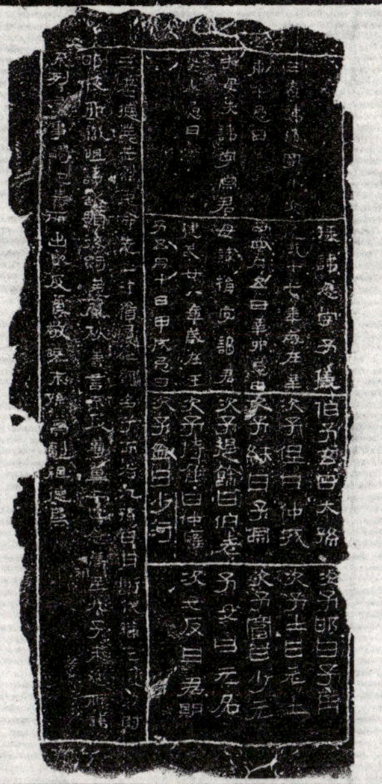

《三老諱字忌日碑》

三老是古代掌教化的鄉官。《三老諱字忌日碑》，碑文記錄了一位名通的漢代地方官『三老』祖孫三代的名字（諱字）和祖、父輩逝世的日子（忌日）。

以東。攻銍、酇、苦、柘、譙皆下之。行收兵。比至陳，車六七百乘，騎千餘，卒數萬人。攻陳，陳守令皆不在，獨守丞與戰譙門中。弗勝，守丞死，乃入據陳。數日，號令召三老、豪傑與皆來會計事。三老、豪傑皆曰：『將軍身被堅執銳，伐無道，誅暴秦，復立楚國之社稷，功宜爲王。』陳涉乃立爲王，號爲張楚。

注釋 ①敵：同『謫』，因有罪被發遣。②唱：同『倡』，倡導，號召。③以：同『已』。

譯文 秦二世元年的七月，徵發閭巷左側的貧民去守衛漁陽，一共九百人，停駐在大澤鄉。陳勝、吳廣都被編進隊伍裏，擔任屯長。正遇上天下大雨，道路并不通暢，估計着已經誤了到達的期限。耽誤期限，根據秦朝法律應該斬首。陳勝、吳廣就商議說：『如今逃亡了也是死，舉行起義幹一番大事業也是死，都是死，爲國家舉大事怎麼樣？』陳勝說：『天下百姓在秦朝的暴政下受苦已經很長時間了。我聽說二世是始皇的小兒子，不應該即位，應該即位的是公子扶蘇。扶蘇由於數次勸諫始皇的緣故，始皇就把他派到外面統領軍隊。如今有人聽說他沒犯什麼罪，二世就殺掉了他。百姓很多都聽說過他的賢能，并不知道他已經死了。項燕作爲楚國的將軍，多次立有戰功，愛護手下士卒，楚國人都很愛戴他。有的人認爲他死了，有的人認爲他逃走了。現在我們這些人謊稱是公子扶蘇、項燕，成爲天下反秦的帶頭者，應該會有許多響應的人。』吳廣認爲他說得對，就進行占卜。爲他們占卜的人知道他們的想法，說：『先生要做的事情都能成功，建立大功業。但先生把這件事向鬼卜問了嗎？』陳勝、吳廣非常高興，思量着向鬼卜問的事情，說：『這是讓我首先在群衆中樹立威信。』就用丹砂在綢上寫上『陳勝王』，放入別人用網捕捉到的魚肚子中。士兵們買回那條魚煮着吃，發現了魚肚子裏的帛書，自然就覺得奇怪了。陳勝又暗地裏讓吳廣前往駐地附近叢林中的神廟裏，夜裏點起篝火，學着狐狸的叫聲嗥叫說：『大楚括地志云：『東城故城在濠州定遠縣東南五十里也。』

興，陳勝王。』士兵們都在夜裏驚懼恐慌。第二天早上，士兵們到處議論紛紛，指點着看着陳勝。

吳廣平日裏就關心別人，士兵中的許多人都聽他的。一次帶隊的縣尉喝酒醉了，吳廣故意再三說自己想要逃走，令縣尉發怒，侮辱自己，以此來激怒衆人。縣尉果然用竹板打吳廣。縣尉拔劍威脅他，吳廣跳起來，奪過劍，殺掉了縣尉。陳勝協助吳廣，一起合力殺掉了兩名縣尉。陳勝召集了士兵們宣告說：『各位遇上了大雨，都已經錯過了前往漁陽的期限，錯過期限就應當被斬首。就算是不斬首，而守衛邊防死去的本來十個人中就有六七個。而且壯士不死還罷了，死就要創出一番名聲，難道王侯將相都是天生的種嗎？』士兵們都說：『願意接受您的命令。』就對外假稱是公子扶蘇、項燕，順從百姓的意願。大家都裸露出右臂，打着『大楚』的旗號。脩築了高壇，舉行誓師儀式，以縣尉的首級作爲祭天的祭品。陳勝自封爲將軍，吳廣做了都尉，攻打大澤鄉，徵集士兵，然後進攻蘄縣。攻克了蘄縣，就派遣符離人葛嬰率領軍隊進攻蘄縣以東的地區，攻打銍、酇、苦、柘、譙這些地區，都攻占了下來。在行軍中徵收士卒。等攻到了陳縣時，已經有了戰車六七百輛，騎兵一千多人，步兵幾萬人。攻打陳縣，陳縣的郡守和縣令都不在城中，衹有守丞帶着部隊和陳勝的軍隊在譙門中作戰，起

義軍沒能取勝，陳縣的守丞死了，陳勝的軍隊趁此機會才入城占領了陳縣。幾天後，陳勝下令召集當地的三老、豪傑一起來集會謀劃事情。三老和豪傑都說：『將軍親自披着鎧甲，手拿着銳利武器上陣，征伐殘暴無道的秦朝，恢復楚國的社稷，根據功勞也應該能夠稱王。』陳涉於是就自立爲王，定國號爲『張楚』。

原文　當此時，諸郡縣苦秦吏者，皆刑其長吏，殺之以應陳涉。乃以吳叔爲假王，監諸將以西擊滎陽。令陳人武臣、張耳、陳餘徇趙地，令汝陰人鄧宗徇九江郡。當此時，楚兵數千人爲聚者，不可勝數。

葛嬰至東城，立襄彊爲楚王。嬰後聞陳王已立，因殺襄彊，還報。至陳，陳王誅殺葛嬰。陳王令魏人周市北徇魏地。吳廣圍滎陽。李由爲三川守，守滎陽，吳叔弗能下。陳王徵國之豪傑與計，以上蔡人房君蔡賜爲上柱國。周文，陳之賢人也，嘗爲項燕軍視日，事春申君，自言習兵，陳王與之將軍印，西擊秦。行收兵至關，車千乘，卒數十

越系家『勾踐使罪人三行，屬劍於頸，曰「不敢逃刑」，乃自剄』。

萬，至戲，軍焉。秦令少府章邯免酈山徒、人奴產子生，悉發以擊楚大軍，盡敗之。周文敗，走出關，止次曹陽二三月。章邯追敗之，復走次澠池十餘日。章邯擊，大破之。周文自剄，軍遂不戰。

譯文 當此之時，各郡縣在秦朝官吏治下受苦的百姓，都懲辦他們當地的長官，殺掉他們以響應陳勝。讓吳廣做了『假王』，督促着各路將領向西進發，進攻滎陽。陳勝下令讓陳縣人武臣、張耳、陳餘進攻趙地，下令讓汝陰人鄧宗進攻九江郡。在那個時候，楚地的義軍以幾千人爲集合的，數都數不過來。

葛嬰來到東城，擁立襄強做了楚王。葛嬰不久聽說陳勝已然自立爲王，就殺掉了襄強，回來後報告給了陳勝。抵達陳縣，

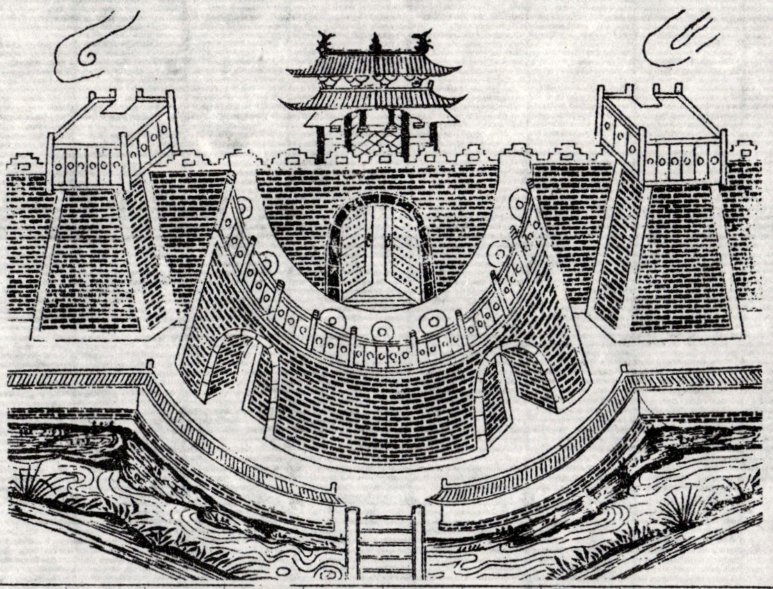

城制圖

陳王殺掉了葛嬰。陳王下令讓魏人周市向北攻打魏地。吳廣包圍了滎陽。李由是三川郡的郡守，駐守滎陽，吳廣沒能攻克。陳王召集了國內豪傑之士一起商討對策，任命上蔡人房君蔡賜爲上柱國。周文是陳縣中的賢人，曾擔任項燕部隊中占卜時日的官員，服侍過春申君，自稱研習過軍事，陳王授予他將軍印，命他向西攻打秦朝。在行軍路上徵收兵馬，來到函谷關，已經有了戰車一千輛，士卒幾十萬，來到戲亭駐軍。秦朝派出了少府章邯將驪山附近的刑徒與奴婢之子赦免，將他們全部徵發以進攻楚軍的大部隊，全都擊敗了楚軍。周文戰敗，逃到了函谷關，停在曹陽駐扎了兩三個月。章邯追上并打敗了楚軍，周文再次逃走，來到澠池駐扎了十多天，章邯前來攻打，擊潰了楚軍。周文自殺，軍隊因此沒有了戰鬥力。

原文 武臣到邯鄲，自立爲趙王，陳餘爲大將軍，張耳、召騷爲左右丞相。陳王怒，捕繫武臣等家室，欲誅之。柱國曰：『秦未亡而誅趙王將相家屬，此生一秦也。不如因而立之。』陳王乃遣使者賀趙，而徙繫武臣等家屬宮中，而封耳子張敖爲成都君，趣①趙兵亟入關。趙

成都，蜀郡縣，涉遥封之。

王將相相與謀曰：『王王趙，非楚意也。楚已誅秦，必加兵於趙。計莫如毋西兵，使使北徇燕地以自廣也。趙南據大河，北有燕、代，楚雖勝秦，不敢制趙。若楚不勝秦，必重趙。趙乘秦之弊，可以得志於天下。』趙王以爲然，因不西兵，而遣故上谷卒史韓廣將兵北徇燕地。

燕故貴人豪傑謂韓廣曰：『楚已立王，趙又已立王。燕雖小，亦萬乘之國也，願將軍立爲燕王。』韓廣曰：『廣母在趙，不可。』燕人曰：『趙方西憂秦，南憂楚，其力不能禁我。且以楚之強，不敢害趙王將相之家，趙獨安敢害將軍之家！』韓廣以爲然，乃自立爲燕王。居數月，趙奉燕王母及家屬歸之燕。

注釋　①趣：通『促』，催促。

譯文　武臣來到邯鄲，自封爲趙王，陳餘做了大將軍，張耳和召騷做了左右丞相。陳王十分生氣，抓住并關押了武臣這些人的家眷，打算殺掉他們。柱國蔡賜說：『秦朝還沒滅亡，而殺掉趙王將相的家屬，這是又出現一個秦朝啊，不如趁此機會封他做趙王。』陳王於是就派出使者前往祝賀趙國，而將武臣這些人的家眷移到宮中囚禁，并且封張耳的兒子張敖做了成都君，督促趙軍快點進入函谷關。趙王的將相一起商議說：『大王在趙地稱王，這違背了楚國的意願。楚國滅掉秦朝之後，一定會對趙用兵。估量着不如不向西進軍，派出使者向北去進攻燕地，以便擴充自己的領土。趙國向南能夠據守大河，北面占據着燕、代地區，楚國縱使戰勝了秦朝，也不能制服趙國。倘若楚國沒能戰勝秦朝，肯定會看重趙國。趙國趁着秦朝衰敗的機會，可以實現稱王天下的志向。』趙王以爲不錯，因此沒有向西進軍，而是派出了原來的上谷郡卒史韓廣率領部隊向北去進攻燕地。

燕國那些舊的貴族豪傑對韓廣說：『楚地已然有人自立爲王，趙地也已經有人自立爲王。燕地儘管很小，也是有着一萬輛兵車的國家，希望將軍能夠立爲燕王。』韓廣說：『我的母親身在趙國，不能這樣做。』燕地的人說：『趙國的西方有秦朝的憂患，南面有楚國的憂患，它的力量不足以限制我們。而且憑借着楚國的強大，仍然不敢殺害趙王的將相家眷，趙國如何偏偏敢殺害將軍的家眷呢？』韓廣以爲不錯，就自立爲燕王。幾個月後，趙國將燕王的母親與家眷送回了燕國。

晉灼云『今在梁國也』。按：今梁國有寧陵縣是也，字轉槀耳。

原文 當此之時，諸將之徇地者，不可勝數。周市北徇地至狄，狄人田儋殺狄令，自立爲齊王，以齊反擊周市。市軍散，還至魏地，欲立魏後故寧陵君咎爲魏王。時咎在陳王所，不得之魏。魏地已定，欲相與立周市爲魏王，周市不肯。使者五反，陳王乃立寧陵君咎爲魏王，遣之國。周市卒爲相。

將軍田臧等相與謀曰：『周章軍已破矣，秦兵旦暮至，我圍滎陽城弗能下，秦軍至，必大敗。不如少遺兵，足以守滎陽，悉精兵迎秦軍。今假王驕，不知兵權，不可與計，非誅之，事恐敗。』因相與矯王令以誅吳叔，獻其首於陳王。陳王使使賜田臧楚令尹印，使爲上將。田臧乃使諸將李歸等守滎陽城，自以精兵西迎秦軍於敖倉。與戰，田臧死，軍破。章邯進兵擊李歸等滎陽下，破之，李歸等死。

譯文 那個時候，各路將領攻略城池的，多得數不過來。周市向北攻城略地到了狄縣，狄縣人田儋殺掉了狄縣縣令，自封爲齊王，依靠齊地對抗周市。周市的部隊潰散，返回魏地，打算擁立從前的魏國後裔寧陵君咎做魏王。當時咎在陳王那裏，不能趕去魏國。魏地已然平定下來，想要一起擁立周市做魏王，周市沒有同意。使者在陳王和魏之間來往五次，陳王這才封寧陵君咎做了魏王，送他前去就國。周市最後成了魏國相。

將軍田臧這些人一起謀劃說：『周章的部隊已然潰敗，秦朝的部隊早晚會攻過來，我軍包圍滎陽城，難以攻克，秦軍來了，肯定會大敗。不如少留下一些兵力，能夠圍住滎陽，帶着全部精兵前去迎擊秦軍。如今假王吳廣驕橫無禮，不知道用兵作戰的權謀，不能和他商量，要是沒殺他，事情怕是會失敗。』因此一起假傳陳王的命令殺掉了吳叔，將他的首級獻給了陳王。陳王派出使者賜予田臧楚國的令尹官印，將他任命爲上將軍。田臧就命令部將李歸這些人圍守滎陽城，自己帶着精兵向西來到敖倉迎擊秦軍。和秦軍作戰，田臧戰死，軍隊被擊潰。章邯進軍來到滎陽城下攻打李歸等人，擊潰了他們，李歸這些人戰死。

原文 陽城人鄧說將兵居郯，章邯別將擊破之，鄧說軍散走陳。銍括地志云：『許州許昌縣，本漢許縣。地理志云許縣故國，姜姓，四嶽之後，大叔所封，二十四君，爲楚所滅。漢以爲縣。魏文帝即位，改許曰許昌也。』

人伍徐將兵居許，章邯擊破之，伍徐軍皆散走陳。陳王誅鄧說。

陳王初立時，陵人秦嘉、銍人董緤、符離人朱雞石、取慮人鄭布、徐人丁疾等皆特起，將兵圍東海守慶於郯。陳王聞，乃使武平君畔爲將軍，監郯下軍。秦嘉不受命，嘉自立爲大司馬，惡屬武平君。告軍吏曰：『武平君年少，不知兵事，勿聽！』因矯以王命殺武平君畔。

章邯已破伍徐，擊陳，柱國房君死。章邯又進兵擊陳西張賀軍。陳王出監戰，軍破，張賀死。

臘月，陳王之汝陰，還至下城父，其御莊賈殺以降秦。陳勝葬碭，諡曰隱王。

譯文 陽城人鄧說率領部隊在郯縣駐扎，章邯手下的別將帶兵打垮了他，鄧說的部隊潰散，逃到了陳縣。銍人伍徐率領部隊在許縣駐扎，章邯帶兵打垮了他，伍徐的部隊都潰散，逃到了陳縣。陳王誅殺了鄧說。

陳王剛剛自立爲王時，陵縣人秦嘉、銍縣人董紲、符離人朱鷄石、取慮人鄭布、徐人丁疾這些人都異軍突起，率領部隊在郯城圍攻東海郡守慶。陳王聽說了，就派遣武平君畔作爲將軍，督促圍攻郯城的部隊。秦嘉拒不接受命令，并且自封爲大司馬，不想從屬於武平君。他告誡軍吏說：『武平君年紀小，不懂帶兵打仗之道，別聽他的。』就假傳陳王的命令殺掉了武平君畔。

章邯已然擊潰了伍徐，攻打陳縣，上柱國房君蔡賜戰死。章邯又帶兵進攻陳縣以西的張賀的部隊。陳王出城督戰，部隊被擊潰，張賀戰死。

十二月，陳王前往汝陰，回來時來到下城父，爲他駕車的莊賈殺掉了他并投降了秦朝。陳勝被葬在了碭縣，謚號爲『隱王』。

原文 陳王故涓人將軍呂臣爲倉頭軍，起新陽，攻陳下之，殺莊賈，復以陳爲楚。

應劭曰：『涓人，如謁者。將軍姓呂名臣也。』

初，陳王至陳，令銍人宋留將兵定南陽，入武關。留已徇南陽，聞陳王死，南陽復爲秦。宋留不能入武關，乃東至新蔡，遇秦軍，宋徐廣曰：『正月，嘉爲上將軍。』

留以軍降秦。秦傳留至咸陽，車裂留以徇。

秦嘉等聞陳王軍破出走，乃立景駒爲楚王，引兵之方與，欲擊秦軍定陶下。使公孫慶使齊王，欲與幷力俱進。齊王曰：『聞陳王戰敗，不知其死生，楚安得不請而立王！』公孫慶曰：『齊不請楚而立王，楚何故請齊而立王！且楚首事，當令於天下。』田儋誅殺公孫慶。

秦左右校復攻陳，下之。呂將軍走，收兵復聚。鄱盜當陽君黥布之兵相收，復擊秦左右校，破之青波，復以陳爲楚。會項梁立懷王孫心爲楚王。

譯文 陳王從前的侍從，也就是將軍呂臣創建了用青巾裹着頭的蒼頭軍，在新陽起兵，攻下了陳縣，殺掉了莊賈，又將陳縣歸到了楚國的地域。

最初，陳王來到陳縣，下令讓銍縣人宋留率領部隊平定南陽，攻入武關。宋留已然攻下了南陽，聽到陳王去世的消息，南陽重新回歸秦朝。宋留沒能攻入武關，就向東來到新蔡，遇到了秦軍，宋留帶着部隊投降了秦朝。秦朝使用傳車把宋留押送咸陽，將宋留車裂以示衆。

秦嘉這些人聽說陳王的軍隊潰散逃走，就擁立景駒做了楚王，率領部隊前往方與，想要在定陶城下進攻秦軍。派遣公孫慶出使游說齊王，打算和他聯合一起進軍。齊王說：『聽說陳王作戰失敗，不知道他是生是死，楚國怎麼可以不請示我們就自封爲王？』公孫慶說：『齊國沒有請示楚國而自封爲王，楚國因爲什麼緣故要請示齊國而立王？而且楚國率先起事，應該可以號令天下。』田儋殺掉了公孫慶。

秦軍的左右校尉再次進攻陳縣，攻下了縣城。呂將軍逃了出來，徵收士兵，重新聚結起來。在鄱陽地區做強盜的當陽君黥布的部隊和呂將軍會合，再次進攻秦軍的左右校尉，在青波擊潰了他們，重新將陳歸爲楚國。正趕上項梁擁立楚懷王的孫子心做了楚王。

原文 陳勝王凡六月。已爲王，王陳。其故人嘗與庸耕者聞之，之陳，扣宮門曰：『吾欲見涉。』宮門令欲縛之。自辯數，乃置，不肯爲通。陳王出，遮道而呼涉。陳王聞之，乃召見，載與俱歸。入宮，見殿屋帷又言『頤』者，助聲之辭也。謂涉爲王，宮殿帷帳庶物夥多，驚而偉之，故稱夥頤也。

謂硃房、胡武等以素所不善者，即自驗問，不往下吏。

帳，客曰：『夥頤！涉之爲王沈沈者！』楚人謂多爲夥，故天下傳之，夥涉爲王，由陳涉始。客出入愈益發舒，言陳王故情。或說陳王曰：『客愚無知，顓①妄言，輕威。』陳王斬之。諸陳王故人皆自引去，由是無親陳王者。陳王以朱房爲中正，胡武爲司過，主司群臣。諸將徇地，至，令之不是者，繫而罪之，以苛察爲忠。其所不善者，弗下吏，輒自治之。陳王信用之。諸將以其故不親附，此其所以敗也。

陳勝雖已死，其所置遣侯王將相竟亡秦，由涉首事也。高祖時爲陳涉置守冢三十家碭，至今血食。

注釋 ①顓：通『專』。

譯文 陳勝稱王一共六個月的時間。稱王之後，將陳縣當作王都。曾經和他一起被雇傭耕地的人聽說了這件事，來到陳縣，敲着宮門說：『我要面見陳勝。』宮門令想要將他捆起來。他再三辯解，才把他放開，不願意爲他通報。陳王出宮，他攔住道路呼喊陳勝。陳王聽到了他的喊聲，就召見他，載着他和自己一起回宮。進到宮中，見到殿堂上掛的帷帳，客人說：『夥矣！陳勝成了王，宮殿是多麼的深邃啊！』楚地的人把『多』叫作『夥』，因此天下傳開這件事，『夥涉爲王』這個說法就是從陳勝開始的。客人的進出越來越放肆，言說陳王的往事。有人對陳王說：『這個客人愚蠢無知，專門說大話，這會令您的威信貶損。』陳王殺掉了這個客人。陳王過去的朋友都自己離開了，從那時起再沒有親近陳王的人了。陳王命朱房做了中正，胡武做了司過，主要負責監督群臣。各路將領攻略城池，歸來後，對於命令并不聽從的，就抓起來問罪，將苛刻嚴察當作忠誠。他們所不喜歡的人，不交由司法的官吏處置，就都親自懲辦。陳王相信并任用他們。各路將領由於這樣的緣故都不親附陳王，這就是陳王失敗的緣故。

陳勝儘管已經死了，那些他所封立和派遣的王侯將相最終還是滅掉了秦朝，這都是因爲陳勝率先發難。高祖時，在碭縣安置了三十戶人家爲陳勝守墳，到了如今仍在殺牲祭祀。

原文 褚先生曰：地形險阻，所以爲固也；兵革刑法，所以爲治也。猶未足恃也。夫先王以仁義爲本，而以固塞文法爲枝葉，豈不然哉！

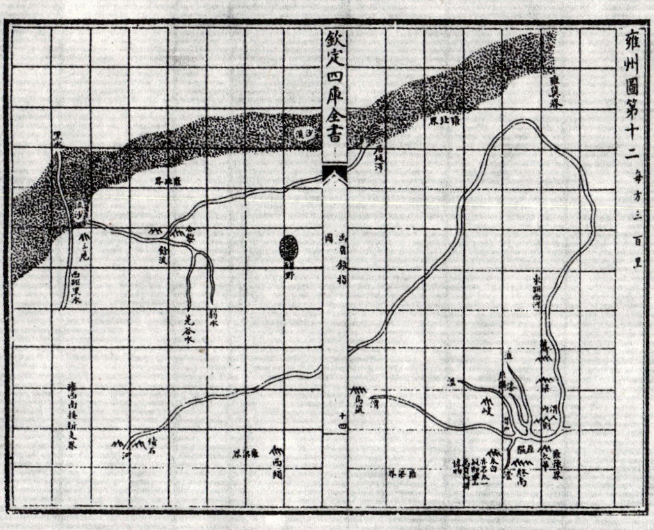

雍州圖

雍州是中國古九州之一。現在陝西省中部北部、甘肅省（除去東南部）、青海省的東南部和寧夏回族自治區一帶地方。

吾聞賈生之稱曰：

『秦孝公據殽函之固，擁雍州之地，君臣固守，以窺周室。有席卷天下，包舉宇內，囊括四海之意，并吞八荒之心。當是時也，商君佐之，內立法度，務耕織，脩守戰之備；外連衡而鬥諸侯。於是秦人拱手而取西河之外。

『孝公既沒①，惠文王、武王、昭王蒙故業，因遺策，南取漢中，西舉巴蜀，東割膏腴之地，收要害之郡。諸侯恐懼，會盟而謀弱秦。不愛珍器重寶肥饒之地，以致天下之士，合從締交，相與爲一。當此之時，齊有孟嘗，趙有平原，楚有春申，魏有信陵：此四君者，皆明知而忠信，寬厚而愛人，尊賢而重士。約從連衡，兼韓、魏、燕、趙、宋、衛、中山之眾。於是六國之士有寧越、徐尚、蘇秦、杜赫之屬爲之謀，齊明、周冣、陳軫、召滑、樓緩、翟景、蘇厲、樂毅之徒通其意，吳起、孫臏、帶他、兒良、王廖、田忌、廉頗、趙奢之倫制其兵。嘗以什倍之地，百萬之師，仰關而攻秦。秦人開關而延敵，九國之師遁逃而不敢進。秦無亡矢遺鏃之費，而天下固已困矣。於是從散約敗，爭割地而賂秦。秦有餘力而制其弊，追亡逐北，伏尸百萬，流血漂櫓，因利乘便，宰割天下，分裂山河，強國請服，弱國入朝。

注釋 ①沒：同『歿』，死。

譯文 褚先生說：地形險惡難行，是爲了鞏固防務的；兵革武器與刑法制度，是爲了治理國家的。這些仍不足以作爲依靠。先王將仁義當作根基，而將堅固城池和法令條文當作細枝末節，難道不應該

賈誼　賈誼是西漢初年著名的政治家、文學家。他的名篇《過秦論》從各個方面分析了秦王朝的過失，總結了秦速亡的歷史經驗。司馬遷在這裏引用了這篇文章，以作爲爲政者匡正得失、鞏固統治的借鑒。

這樣嗎？我聽賈生曾經說過：

『秦孝公占據着殽山和函谷關這些堅固的地方，坐擁雍州的地域，君臣都牢固地守衛着國土，以此來窺視周朝的政權，有占據全天下的意圖，吞并四面八方的心願。此時，商君輔助着秦孝公，在內部建立法治及各種制度，大興耕作與紡織，整脩防守與進攻的武器，對外施行連橫政策，讓諸侯之間相互爭鬥，就這樣秦國人毫不費力地奪取了西河外的土地。

『秦孝公去世，惠文王、武王和昭王繼承了已有的基業，沿襲留下來的策略，向南攻下了漢中，向西攻下了巴、蜀，向東割占了肥沃的地區，奪取了地勢險要的郡邑。諸侯十分恐懼，結成同盟謀求削弱秦國的方法。不吝惜珍奇貴重的寶物和富饒肥沃的土地，用來招納天下有用的人才，再用合縱政策締結盟約，互相結合，成爲一體。當時，齊國有孟嘗君，趙國有平原君，楚國有春申君，魏國有信陵君，這四位封君都聰明而忠誠，待人寬厚，尊敬賢良的人士。以合縱結盟取代連橫政策，將韓、魏、燕、趙、宋、衛、中山等諸侯國的士卒結成聯軍。在當時，六國人士有寧越、徐尚、蘇秦、杜赫這些人爲各諸侯國出謀劃策，齊明、周冣、陳軫、邵滑、樓緩、翟景、蘇厲、樂毅這些人爲各國溝通意見，吳起、孫臏、帶他、兒良、王廖、田忌、廉頗、趙奢這些人統率各諸侯國的部隊。我們曾經以十倍於秦國的土地，上百萬的兵力，進發函谷關去攻打秦國。秦軍打開函谷關誘敵深入，九國的軍隊都逃散開而不敢進入。秦國沒丟失掉一箭一鏃的損耗，而天下諸侯就已經陷入困境。就這樣合縱失敗了，盟約廢棄了，各諸侯國都爭相割地來賄賂秦國。秦國有富餘的精力來利用各國的疲憊，追殺那些敗北逃走的敵人，令百萬士兵的尸體橫臥戰場，血流成河，盾牌都能漂浮起來。憑借着戰爭勝利的有利條件，秦國割取天下諸侯的土地，重新分割各國的領土，強國主動歸附，弱國來秦朝拜。

原文

『施及孝文王、莊襄王，享國之日淺，國家無事。

『及至始皇，奮六世之餘烈，振長策而御宇內，吞二周而亡諸侯，

《大備對宗・六國封贈》

戰國時蘇秦以合縱之術游説六國，勸六國合作抗秦。蘇秦一度佩六國相印。但六國各懷私利，最終被秦各個擊破。

履至尊而制六合，執敲樸以鞭笞天下，威振四海。南取百越之地，以爲桂林、象郡，百越之君俛首繫頸，委命下吏。

『乃使蒙恬北築長城而守藩籬，卻匈奴七百餘里，胡人不敢南下而牧馬，士亦不敢貫①弓而報怨。於是廢先王之道，燔百家之言，以愚黔首。墮名城，殺豪俊，收天下之兵聚之咸陽，銷鋒鏑，鑄以爲金人十二，以弱天下之民。然後踐華爲城，因河爲池，據億丈之城，臨不測之谿以爲固。良將勁弩，守要害之處，信臣精卒，陳利兵而誰何。天下已定，始皇之心，自以爲關中之固，金城千里，子孫帝王萬世之業也。

注釋 ①貫：通『彎』。

譯文 『等到孝文王、莊襄王繼位，他們在位時間都很短暫，國家没發生什麼大事。

『等到始皇時期，發揚六世遺留下來的基業，揮動長鞭，駕馭天下，吞并了西周和東周，滅亡了一衆諸侯，登上至尊的帝位，控制着天地四方，手拿着刑杖來管制天下，威名足以震懾四海。向南攻取了百越地區，設下了桂林和象郡，百越的君主低下頭，在脖子上繫着繩子，性命任憑秦朝的官吏處置。

『接着派遣蒙恬來到北方建築長城，鎮守邊界，擊退匈奴七百多里，胡人不再敢向南來放牧馬匹，士兵不敢挽弓射箭來復仇。因此就廢棄了古時先王的治國之道，焚燒了諸子百家的著作，以此來讓平民百姓變得愚蠢。搗毁六國的名城，殺掉當世的英雄豪傑，收繳全天下的兵器，收集到咸陽，銷毁這些兵器的兵刃和箭頭，鑄成了十二個銅人，以此來弱化天下百姓的反抗力量。然後憑借着華山築造城垣，依靠着黄河當作護城河，固守高達億丈的城池，靠近着深不可測的河流當作牢固的屏障。能征善戰的將領和強勁有力的弓弩手，鎮守着要害之地，忠誠可信的大臣和精鋭優秀的士卒，手執鋒利的武器，誰都無可奈何。天下已然安定，在始皇的心中，自以爲關中這樣堅固的地方，就如同有着千里的銅牆鐵壁，他的子孫有着可以繼承萬世的帝王基業。

原文 『始皇既沒，餘威振於殊俗。然而陳涉甕牖繩樞之子，甿①隸之人，而遷徙之徒也。材能不及中人，非有仲尼、墨翟之賢，陶朱、猗頓之富也。躡足行伍之間，俛仰仟佰之中，率罷散之卒，將數百之衆，轉而攻秦。斬木爲兵，揭竿爲旗，天下雲集響應，嬴糧而景從，山東豪俊遂幷起而亡秦族矣。

『且天下非小弱也；雍州之地，殽函之固自若也。陳涉之位，非尊於齊、楚、燕、趙、韓、魏、宋、衛、中山之君也；鉏櫌棘矜，非銛於句戟長鎩也；適戍之衆，非儔於九國之師也；深謀遠慮，行軍用兵之道，非及鄉時之士也。然而成敗異變，功業相反也。嘗試使山東之國與陳涉度長絜大，比權量力，則不可同年而語矣。然而秦以區區之地，致萬乘之權，抑八州而朝同列，百有餘年矣。然後以六合爲家，殽函爲宮。一夫作難而七廟墮，身死人手，爲天下笑者，何也？仁義不施，而攻守之勢異也。』

注釋 ①甿：同『氓』，耕田的農夫。

譯文 『始皇死後，他的餘威仍然震懾着偏遠地區。但是陳勝是個以破瓮做窗戶、草繩做門軸的窮人家的孩子，被人雇傭着耕地的農民，而且是個被遷謫戍邊的兵卒，才能比不上一個普通人，沒有孔子、墨子那樣的賢德與陶朱、猗頓那樣的富有。躋身於士卒行列之間，勞作在田間小路之中，統率着疲憊無力的士卒，帶領着幾百人的隊伍，掉過頭來進攻秦朝。砍斷樹枝當作兵器，舉起竹竿作爲旗幟，天下豪傑就像是雲一般聚

太廟問禮

祭祀與戰爭在古代是國家兩項重要的事情，太廟也就成了重要的祭祀場所。

集起來，響應陳勝，都攜帶有糧食，像影子一般跟隨，殽山以東的豪傑就同時起事，滅掉了秦王朝。

「而且秦國一統天下後并不弱小，雍州的土地，殽山與函谷關的險固，依舊和之前一樣。陳勝所處的地位趕不上齊、楚、燕、趙、韓、魏、宋、衛、中山的君主的尊貴；鋤把和戟柄趕不上鈎戟長矛的鋒利；謫戍遠方的士卒趕不上九國的軍隊精銳；陳勝體現出深謀遠慮及行軍作戰的方法趕不上以前的謀士。然而雙方的成敗情況卻差異很大，所創下的功業也截然相反。要是用殽山以東的各諸侯國和陳勝比比長短和大小，衡量一下權勢與力量，則根本無法相提并論。然而秦國依靠自己小小的一塊土地，發展到擁有萬輛兵車的勢力，制約八州，而讓各諸侯國來朝貢，已經一百多年了。之後就將天下據爲己有，

秦宮狗盜

戰國四公子都以禮賢下士聞名於世。孟嘗君在秦國時曾被昭王扣留，一個食客裝狗鑽入秦宮偷出狐白裘獻給昭王妾以説情，孟嘗君才被釋放。孟嘗君才逃至函谷關，昭王又令人追捕。另一食客裝鷄叫引衆鷄齊鳴騙開城門，孟嘗君得以逃回齊國。

把殽山和函谷關當作自己的內宮。但一個人起事發難，整個秦朝宗廟就毀滅了，皇室的子孫都死在別人手裏，被天下人恥笑，是什麼原因呢？是由於它不施行仁義，那樣進攻和防守的形勢就不再一樣了。」

賞析 陳勝出身雇農，胸懷大志，有政治遠見，他要求人民從『苦秦』中解放出來；他聰明果斷，具有組織群衆、制定策略、指揮戰爭的卓越才幹，不愧是農民階級的傑出領袖。吳廣雖然刻畫簡略，但從他與謀起義、誘殺將尉等事迹中，也表現了非凡的機智勇敢和反抗精神。在他們身上，都充分地表現了我國古代勞動人民以不甘忍受黑暗統治而『捨得一身剮，敢把皇帝拉下馬』的英雄氣概。文章也寫到了起義軍內部的不和及自相殘殺，陳勝稱王後的貪圖享受、信用奸邪，脫離群衆，表明了農民階級的局限性。

本篇在寫作上按事件的發展順序記事。寫起義過程，先寫起義的原因，起義前的謀劃，再寫起義的爆發和發展，直至政權的建立，脈絡非常清晰。在記述中，采取了先因後果的寫法。寫起義的動議，先寫暴秦的嚴刑峻法；寫起義的發生，又先寫將尉的殘酷等等。這都入情入理，有力地突出了起義的正義性。文中還通過典型的細節描寫，對起義的過程、轟轟烈烈的聲勢以及起義領袖的精神面貌，進

行了較爲充分的展現，從而給人留下了深刻的印象。

集評 【索隱述贊】天下匈匈，海內乏主，掎鹿爭捷，瞻烏爰處。陳勝首事，厥號張楚。鬼怪是憑，鴻鵠自許。葛嬰東下，周文西拒。始親硃房，又任胡武。夥頤見殺，腹心不與。莊賈何人，反噬城父！

蕭相國世家

題解 《蕭相國世家》選自《史記》卷五十三，世家第二十三。蕭何作爲劉邦的重要謀臣，爲西漢王朝的建立和政權的鞏固，做出了重大的貢獻。本篇緊緊圍繞這一方面，塑造了蕭何這一歷史人物，描述了他的卓越功勛。

原文 蕭相國何者，沛豐人也。以文無害爲沛主吏掾。

高祖爲布衣時，何數以吏事護高祖。高祖爲亭長，常左右之。高祖以吏繇①咸陽，吏皆送奉錢三，何獨以五。

春秋緯『蕭何感昴精而生，典獄制律』。

秦御史監郡者與從事，常辨之。何乃給泗水卒史事，第一。秦御史欲入言徵何，何固請，得毋行。

張晏曰：『何與共事備辨明，何素有方略也。』

及高祖起爲沛公，何常爲丞督事。沛公至咸陽，諸將皆爭走金帛財物之府分之，何獨先入收秦丞相御史律令圖書藏之。沛公爲漢王，以何爲丞相。項王與諸侯屠燒咸陽而去。漢王所以具知天下阨塞，戶應劭曰：『上來還，乃以所爲關之。』

口多少，強弱之處，民所疾苦者，以何具得秦圖書也。何進言韓信，漢王以信爲大將軍。語在淮陰侯事中。

【注釋】①繇：通『徭』，勞役。這裏指服勞役。

【譯文】相國蕭何是沛縣豐邑人。他對法律十分精通，到了無人能比的地步，在沛縣縣令的手下擔任一個官職。

漢高祖劉邦還是一介平民的時候，蕭何曾經多次憑借自己的職位之便保護他。劉邦當上亭長之後，蕭何也時常幫助他。劉邦以官吏的身份到都城咸陽服徭役的時候，官員們都資助他三百錢，衹有蕭何資助他五百錢。

秦朝的御史到泗水郡督察工作的時候，蕭何負責與他的屬官辦事，他總是將所有的事情都處理得條理清晰、一目了然。於是蕭何轉而擔任泗水郡卒史的工作，在進行公務考核的時候名列第一。秦朝的御史想要回報朝廷將蕭何納入朝中辦事，蕭何再三辭謝，才沒有被調走。

等到劉邦發動起義成爲沛公之後，蕭何經常輔佐沛公，幫助他處理公務。沛公進入咸陽之後，將

領們爭先恐後奔向秦朝府庫，分取金帛財物，衹有蕭何先進入宮室收集了秦朝丞相及御史負責掌管的秦朝法律條文、地理圖冊以及戶籍檔案等文獻資料，并將這些圖書都珍藏起來。沛公做了漢王之後，委任蕭何爲丞相。項羽和諸侯軍隊將咸陽城屠殺焚燒一番之後就離開了。之所以漢王能夠詳細了解天下的險關要塞，有多少戶人家，各個地方的強弱之處，百姓的疾苦等等，是因爲蕭何得到并且完好地珍藏了秦朝的文獻檔案。蕭何向漢王進言舉薦韓信，漢王讓韓信擔任大將軍。這件事情在《淮陰侯列傳》中有所記載。

【原文】漢王引兵東定三秦，何以丞相留收巴蜀，填①撫諭告，使給軍食。漢二年，漢王與諸侯擊楚，何守關中，侍太子，治櫟陽。爲法令約束，立宗廟社稷宮室縣邑，輒奏上，可，許以從事；即不及奏上，輒以便宜施行，上來以聞。關中事計戶口轉漕給軍，漢王數失軍遁去，何常興關中卒，輒補缺。上以此專屬任何關中事。

漢三年，漢王與項羽相距京索之間，上數使使勞苦丞相。鮑生謂

丞相曰：『王暴衣露蓋，數使使勞苦君者，有疑君心也。爲君計，莫若遣君子孫昆弟能勝兵者悉詣軍所，上必益信君。』於是何從其計，漢王大說。

注釋 ①填：通『鎮』，安定。

譯文 漢王帶領軍隊向東挺進，平定了三秦，蕭何以丞相的身份在巴蜀地區留守治理，他安撫民衆，發布政令，給軍隊提供糧草。漢二年漢王與各路諸侯合力攻打楚軍的時候，蕭何在關中守衛，侍奉太子，治理櫟陽。制定各種法令、規章制度，建立宗廟、建立社稷、脩建宮室、改編縣邑，蕭何在做任何決定之前都是先向漢王稟報，得到漢王的同意之後，再具體施行這些政事；假如有的事情來不及稟報漢王，就會酌情處理，等漢王回來之後再向他一一彙報。蕭何在關中做好了戶籍人口的管理工作，同時還徵集糧草運送給陣前的軍隊。漢王多次兵敗落荒而逃，蕭何經常徵召發動關中士兵，以此來補充軍隊的缺額。漢王因此專門將關中的所有政事都委任蕭何處理。

漢三年，漢王與項羽在京縣、索城之間對峙，漢王曾經多次派遣使者回關中慰勞丞相蕭何。有個

名叫鮑生的人對蕭何說：『漢王在前方打仗，風餐露宿，卻多次派遣使者回來慰勞你，這是對你的心意有所懷疑啊。爲你着想，不如將你的子孫兄弟中所有能打仗的人全部派到軍營中去效力，這樣一來，漢王一定會更加信任你。』於是，蕭何聽從了鮑生的計策，漢王果然十分高興。

原文 **漢五年，既殺項羽，定天下，論功行封。群臣爭功，歲餘功不決。高祖以蕭何功最盛，封爲酇侯，所食邑多。功臣皆曰：『臣等身被堅執鋭，多者百餘戰，少者數十合，攻城略地，大小各有差。今蕭何未嘗有汗馬之勞，徒持文墨議論，不戰，顧反居臣等上，何也？』高帝曰：『諸君知獵乎？』曰：『知之。』『知獵狗乎？』曰：『知之。』高帝曰：『夫獵，追殺獸兔者狗也，而發蹤指示獸處者人也。今諸君徒能得走獸耳，功狗也。至如蕭何，發蹤指示，功人也。且諸君獨以身隨我，多者兩三人。今蕭何舉宗數十人皆隨我，功不可忘也。』群臣皆莫敢言。**

按功臣表，鄂君即鄂千秋，封安平侯。

列侯畢已受封，及奏位次，皆曰：『平陽侯曹參身被七十創，攻城略地，功最多，宜第一。』上已橈功臣，多封蕭何，至位次未有以復難之，然心欲何第一。關內侯鄂君進曰：『群臣議皆誤。夫曹參雖有野戰略地之功，此特一時之事。夫上與楚相距五歲，常失軍亡眾，逃身遁者數矣。然蕭何常從關中遣軍補其處，非上所詔令召，而數萬眾會上之乏絕者數矣。夫漢與楚相守滎陽數年，軍無見糧，蕭何轉漕關中，給食不乏。陛下雖數亡山東，蕭何常全關中以待陛下，此萬世之功也。今雖亡曹參等百數，何缺於漢？漢得之不必待以全。奈何欲以一旦之功而加萬世之功哉！蕭何第一，曹參次之。』高祖曰：『善。』於是乃令蕭何第一，賜帶劍履上殿，入朝不趨。

【譯文】漢五年，項羽已經被殺，平定了天下，於是論功行賞。因爲大家都爭搶功勞，一年多了，誰的功勞大誰的功勞小也沒能確定下來。高祖覺得蕭何的功勞最顯赫，封他爲酇侯，封賞給他的食邑是最多的。大臣們都說：『我們身披戰甲，手執兵器，在戰場上親自參加戰鬥，多的已經身經百戰，少的也與敵軍有數十回交鋒，攻城略地，奪取城池，都立下了大小不等的戰功。現在他蕭何并沒有這樣的汗馬功勞，衹是一個舞文弄墨的書生，發點議論，不用親自參加戰鬥，封賞反倒在我們這些久經沙場的人之上，這是什麼原因呢？』高帝說：『你們會打獵嗎？』群臣說：『會。』高帝又問：『你們知道獵狗嗎？』群臣說：『知道。』高帝說：『打獵的時候，跑在前面追咬野獸的雖然是獵狗，但是發現野獸踪迹，指出野獸出沒地方的卻是獵人。現在你們衹是能捉到野獸罷了，這樣的功勞就像是獵狗一樣。至於像蕭何，他則是發現野獸踪迹，指明獵取目標，他的功勞與獵人是一樣的。再說諸位衹是一個人追隨我，最多不過是一家兩三個人追隨我。而蕭何則是自己整個家族的幾十口人都來隨我一起打天下，這樣大的功勞是絕對不能忘懷的。』群臣都不敢再有任何異議了。

列侯已經封賞完畢，等到向高祖進言進行位次評定的時候，群臣都說：『平陽侯曹參身體遭受了七十多處創傷，攻城奪地，功勞最多，因而理應排在第一位。』高祖已經委屈了有功之臣，將較多的封賞給了蕭何，現在評定位次的時候就沒有再反駁大家，但是心裏還是想要將蕭何排在首位。關內侯鄂千秋向高祖進言說：『各位大臣的建議都是錯誤的。儘管曹參曾經轉戰各處、有攻城略地的功勞，但這些都衹是一時的事情罷了。大王與楚軍雙方相持五年，經常失掉軍隊，士兵四處逃散，大王衹身逃走好幾次了。但是蕭何經常在關中徵集軍隊派遣出去補給前綫，這些事情都不是大王下令讓蕭何做的，數萬士兵總是能在大王最危急的關頭出現在前綫，這種情況已經有很多次了。漢軍與楚軍在滎陽對峙數年，軍中沒有存糧，蕭何從關中用車船爲將士運來軍糧，軍糧的供應從來不曾匱乏。雖然陛下多次失守殽山以東的地區，但是蕭何始終保全關中等待陛下歸來，這是萬世不朽的功勛啊。現在就算沒有上百個像曹參這樣的人，對漢室又有什麼損失嗎？漢室就算有這些人，基業也不一定能夠保全。怎麼能讓一朝一夕的功勞凌駕於萬世的功勛之上呢！應該將蕭何排在第一位，曹參次之。』高祖說：『好。』這才下令確定蕭何爲第一位，特別恩准他帶劍穿鞋上殿，上朝的時候可以不按小步快走的禮儀。

原文

上曰：『吾聞進賢受上賞。蕭何功雖高，得鄂君乃益明。』於是因鄂君故所食關內侯邑封爲安平侯。是日，悉封何父子兄弟十餘人，皆有食邑。乃益封何二千戶，以帝嘗繇咸陽時何送我獨贏錢二也。

徐廣曰：『以謁者從定諸侯有功，秩舉蕭何功，故因侯二千戶。封九年卒。至玄孫，但，坐與淮南王安通，棄市，國除。』

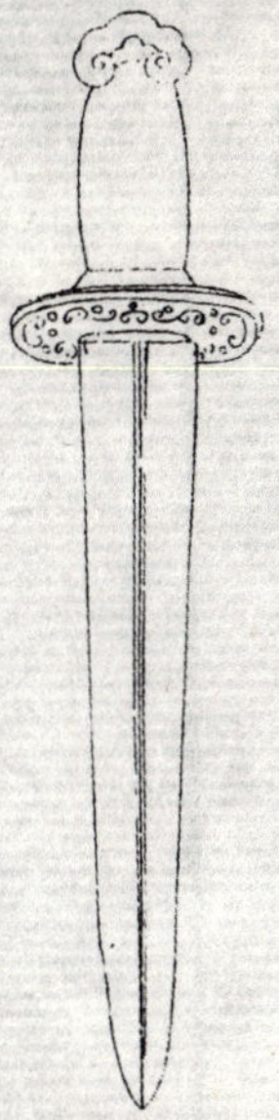

劍

劍，古代兵器之一，素有『百兵之君』的美稱，也逐漸成爲一種重要禮器，象徵了所配者的身份和地位。

漢十一年，陳豨反，高祖自將，至邯鄲。未罷，淮陰侯謀反關中，呂后用蕭何計，誅淮陰侯，語在淮陰事中。上已聞淮陰侯誅，使使拜丞相何爲相國，益封五千戶，令卒五百人一都尉爲相國衛。諸君皆賀，召平獨吊。召平者，故秦東陵侯。秦破，爲布衣，貧，種瓜於長安城東，瓜美，故世俗謂之『東陵瓜』，從召平以爲名也。召平謂相國曰：『禍自此始矣。上暴露於外而君守於中，非被矢石之事而益君封置衛者，以今者淮陰侯新反於中，疑君心矣。夫置衛衛君，非以寵君也。願君讓封勿受，悉以傢俬財佐軍，則上心說。』相國從其計，高帝乃大喜。

漢十二年秋，黥布反，上自將擊之，數使使問相國何爲。相國爲上在軍，乃拊循勉力百姓，悉以所有佐軍，如陳豨時。客有說相國曰：『君滅族不久矣。夫君位爲相國，功第一，可復加哉？然君初入關中，得百姓心，十餘年矣，皆附君，常復孳孳得民和。上所爲數問君者，畏君傾動關中。今君胡不多買田地，賤貰貸以自汙？上心乃安。』於是相國從其計，上乃大說。

譯文

高祖說：『我曾經聽說推薦賢能的人應該受到上等的獎賞。儘管蕭何的功勞很高，經過鄂千秋的表彰就更加明曉了。』所以按照鄂君原來受封的關內侯食邑，爲鄂千秋加封安平侯。那天，蕭何父子兄弟等十多人都獲封食邑。後又給蕭何加封兩千戶，這是因爲過去高祖到咸陽服徭役的時候，蕭何多送給自己兩百錢的原因。

漢十一年，陳豨發動叛亂，高祖親自率領軍隊來到邯鄲。叛亂尚未平定，淮陰侯韓信也在關中密

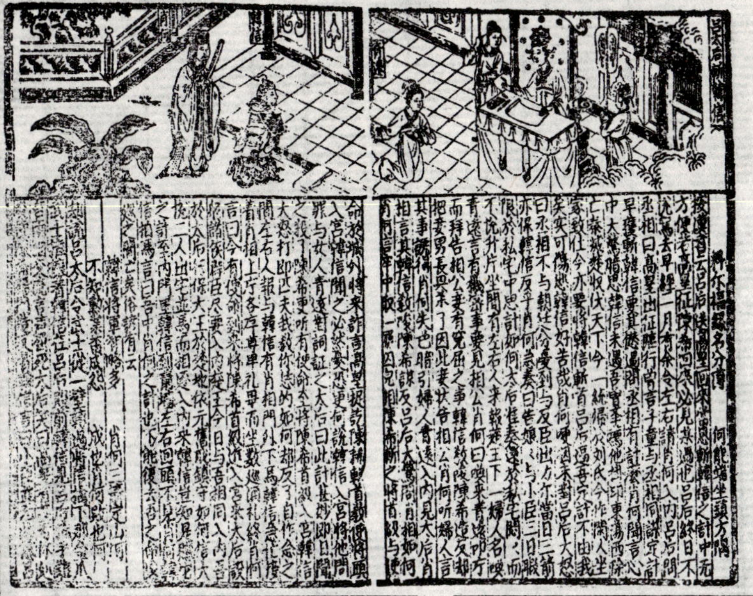

呂太后斬韓信

謀造反，呂后采用蕭何進獻的計策，殺死了淮陰侯韓信，這件事情在《淮陰侯列傳》中有所記載。高祖聽說淮陰侯韓信已經被殺的事情，派遣使者任命丞相蕭何爲相國，加封五千戶，并下令賞賜五百名士兵、一名都尉專門做相國蕭何的衛隊。因爲這件事情許多人都前來向蕭何道賀，衹有召平表示哀悼之情。召平原本是秦朝的東陵侯。秦朝滅亡以後，他淪爲平民，家境貧寒，在長安城東種瓜爲生。他所種的瓜味道甘甜，因此人們都稱他種的瓜爲『東陵瓜』，這個稱號是根據召平原本的封號得來的。召平對相國蕭何說：『您的禍患就要由此開始了。皇上在外帶領軍士風吹日曬，而您負責留守在朝中，從來沒有遭遇到什麼危險的戰事，反而爲您增加封邑而且設置專門的衛隊，這是因爲淮陰侯剛剛在京城內密謀造反，高祖對您的內心有所

懷疑的原因啊。設置衛隊保護您，并不是高祖寵信您。希望您能夠不接受封賞，將自己的家產、全部資財都捐助給軍隊，這樣一來皇上心裏就會十分高興。』蕭相國聽從了他的計謀。於是高帝十分高興。

漢十二年秋天，黥布發動叛亂，高祖親自帶領軍隊前去討伐他，前後多次派人來詢問蕭相國在做什麼事情。因爲皇上在軍中打仗，蕭相國就在後方勉勵安撫百姓，將自己的全部家財都捐給了軍隊，和高祖當初討伐陳豨的情形一樣。有一個門客勸蕭相國道：『距離您滅族的日子不遠了。您現在高居相國之位，功勞數第一，還有什麼可以再加功給您的嗎？當初您進入關中之後就一直深得民心，到現在已經十多年了，百姓們都親近依附您，而您仍然勤勤懇懇地做每一件事情，與百姓關係仍然十分和諧，受到百姓的愛戴。皇上之所以派人多次詢問您在做什麼，是擔心您震撼關中。現在您爲什麼不多買些田地，采用低價、賒借等手段來讓自己的聲譽敗壞一下呢？衹有這樣，高祖才會安心一些。』於是，蕭相國聽從了這個人的計謀，高祖這才極爲高興。

謂相國取人田宅以爲利，故云『乃利人』也。所以令相國自謝之。

原文 上罷布軍歸，民道遮行上書，言相國賤強買民田宅數千萬。上至，相國謁。上笑曰：『夫相國乃利民！』民所上書皆以與相國，

曰：『君自謝民。』相國因爲民請曰：『長安地狹，上林中多空地，棄，願令民得入田，毋收稿爲禽獸食。』上大怒曰：『相國多受賈人財物，乃爲請吾苑！』乃下相國廷尉，械繫之。數日，王衛尉侍，前問曰：『相國何大罪，陛下繫之暴也？』上曰：『吾聞李斯相秦皇帝，有善歸主，有惡自與。今相國多受賈豎金而爲民請吾苑，以自媚於民，故繫治之。』王衛尉曰：『夫職事苟有便於民而請之，真宰相事，陛下柰何乃疑相國受賈人錢乎！且陛下距楚數歲，陳豨、黥布反，陛下自將而往，當是時，相國守關中，搖足則關以西非陛下有也。相國不以此時爲利，今乃利賈人之金乎？且秦以不聞其過亡天下，李斯之分過，又何足法哉。陛下何疑宰相之淺也。』高帝不懌。是日，使使持節赦出相國。相國年老，素恭謹，入，徒跣謝。高帝曰：『相國休矣！相國爲民請苑，吾不許，我不過爲桀紂主，而相國爲賢相。吾故

上文李斯歸惡而自予，是分過。

繫相國，欲令百姓聞吾過也。』

譯文 高祖討伐完黥布之後班師回朝，民衆攔在道路中間上書給皇帝，說蕭相國低價強買了數千萬百姓的田地房屋。高祖回到京城之後，蕭相國前來進見。高祖笑着說：『你這個相國竟是這樣「利民」的啊！』高祖將百姓的萬民書都交給蕭相國，說：『還是你親自向百姓們謝罪吧。』蕭相國趁機爲民請命說：『長安一帶土地面積狹小，上林苑有很多閑置的土地，現在已經荒蕪，臣希望陛下能恩准百姓們進去耕種打糧，將禾秆留下作爲禽獸的飼料。』高祖勃然大怒說道：『蕭相國你自己大量地接受了商人的財物，因此現在就爲他們請求霸占我的上林苑！』於是就將相國交給廷尉，廷尉用鐐銬拘禁了他。幾天之後，一個姓王的侍衛在侍奉高祖的時候，上前問道：『蕭相國犯下了什麼彌天大罪啊，陛下將他囚禁得這樣嚴酷？』高祖說：『我聽說李斯在輔佐秦始皇的時候，取得了成績都歸功給主上，出了差錯都自己一力承擔。現在相國收受大量奸商的錢財卻爲他們請求占用我的上林苑，想要通過這種方法向民衆示好，所以將他銬起來治罪。』王衛尉說：『在自己職責範圍內的事情，假如對百姓有利的話，爲他們請求這件事，這是宰相的分內之事，皇帝您怎麼會懷疑相國收受奸商的錢財呢！何況陛下您在外與楚軍對峙多年，陳豨、黥布發動叛亂的時候，陛下又親自帶兵前去討伐叛亂，那個時候，相國獨自留守在關中，祇需要稍微動一動手腳，那麼函谷關以西的地盤就不再歸陛下您所有了。相國沒有趁這個時機爲自己謀求利益，現在又怎麼會貪圖商人的錢財呢？況且那秦始皇正是因爲看不到自己的過錯而丟掉了整個天下，李斯過分承擔過錯，又哪裏值得效仿學習呢？陛下怎麼會懷疑宰相到這樣淺薄的地步啊！』高祖聽後不是很高興。當天，高祖就命人帶着符節將蕭相國赦免釋放了。蕭相國已經上了年紀，爲人一向謹慎恭謹，入宮參見高祖的時候，赤腳步行向高祖謝罪。高祖說：『蕭相國不用這樣！相國爲百姓請求上苑林，我沒有答應，我不過是像桀、紂那樣的君主罷了，而你確實是個賢相。我之所以將你用鐐銬囚禁起來，是想讓百姓們都知道這件事情是我的過錯。』

原文 何素不與曹參相能，及何病，孝惠自臨視相國病，因問曰：『君即百歲後，誰可代君者？』對曰：『知臣莫如主。』孝惠曰：『曹參何如？』何頓首曰：『帝得之矣！臣死不恨矣！』

何置田宅必居窮處，爲家不治垣屋。曰：『後世賢，師吾儉；不東觀漢記云：『蕭何墓在長陵東司馬門道北百步。』

賢，毋爲勢家所奪。』

孝惠二年，相國何卒，謚爲文終侯。後嗣以罪失侯者四世，絕，天子輒復求何後，封續酇侯，功臣莫得比焉。

譯文

蕭何跟曹參一向沒什麼交情，到蕭何病重的時候，孝惠皇帝親自前去探望蕭相國的病情，并趁機問道：『假如您百歲歸去以後，有誰可以接替您的職位呢？』蕭何回答說：『最了解臣下的莫過於君主了。』孝惠帝說：『曹參你看怎麼樣？』蕭何立即叩頭說：『陛下得到合適的人選了！這樣一來，我就算是死也沒有什麼遺憾了！』

蕭何所購置的田地住宅一定都是在偏遠的地方，他所建造的房舍周圍并沒有脩築矮牆。蕭何說：『如果我的後代是賢能的人，就學習我的儉樸；如果我的後代不賢能，也可以不被有權有勢的人家奪去田地。』

孝惠二年，相國蕭何去世，孝惠帝追封蕭何謚號爲文終侯。蕭何的後代之中，有四世子孫因爲犯罪而失去侯爵封號，每次失去繼承人的時候，天子總是繼續尋找蕭何的後代，續封爲酇侯，所有的功

臣沒有誰能夠跟蕭何這種情況相比的。

原文

太史公曰：蕭相國何於秦時爲刀筆吏，錄錄未有奇節。及漢興，依日月之末光，何謹守管籥，因民之疾秦法，順流與之更始。淮陰、黥布等皆以誅滅，而何之勛爛焉。位冠群臣，聲施後世，與閎夭、散宜生等爭烈矣。

譯文

太史公說：蕭相國在秦朝的時候衹是一個小小的文職官吏，平平常常，沒有什麼驚人之處。等到漢室興盛起來後，蕭何仰仗帝王的餘光，同時謹守自己的職責，根據秦朝對民衆嚴苛的法律制度這一情況，能夠順應歷史潮流，爲百姓們除舊革新。韓信、黥布等反賊被誅殺以後，蕭何的功勛顯得更加燦爛無比了。他的地位爲群臣之首，他的聲望流芳百世，能夠跟閎夭、散宜生等人相媲美了。

賞析

蕭何眼光遠大，深謀遠慮。作爲劉邦的助手，他不僅做了大量的具體工作，而且很多地方都能從宏觀的戰略着眼，爲建立政權打下堅實的基礎。司馬遷運用對比的手法，寫劉邦率軍進入咸陽後，將領們忙於爭分金帛財物，而蕭何卻首先收取秦王朝文獻檔案，將其珍藏，劉邦由此詳盡地掌握

了全國地理、戶籍等方面的情況，爲統一天下創造了條件。在楚漢相爭期間，蕭何雖然沒有像韓信、曹參等人那樣在前綫衝鋒陷陣，但他留守關中，制定法令，安撫民衆，建設後方根據地，不斷地將糧草、兵員補充前綫，使劉邦多次轉危爲安。在論功行賞、評定位次的過程中，司馬遷借助劉邦和關內侯鄂君的話，充分肯定了蕭何的功績。但司馬遷對蕭何的描寫是多側面的，文中在寫蕭何實績的同時，又刻畫了他的自私。蕭何很會識別人才，曾極力保薦過韓信；但後來蕭何爲了保全個人，又與呂后定計殺害了韓信。『蕭何追韓信』的歷史佳話使蕭何堪稱識才惜才的典型，『成也蕭何，敗也蕭何』的史實又使蕭何成爲反復無常的典型。司馬遷筆下的蕭何就是這樣立體感地呈現在我們面前。另外，對劉邦和蕭何之間微妙的君臣關係，司馬遷也做了較充分的描寫。劉邦認爲蕭何的功勞卓著，但又時刻提防蕭何反叛。漢三年、十一年、十二年，鮑生、召平以及那個不知名的說客，先後爲蕭何敲了警鐘，提出了具體的防範措施。蕭何爲了保全自己，采納了鮑生等人的建議，博得了劉邦的歡心；但因爲民請命，又遭牢獄之災；最後『素恭謹』的蕭何又得到了劉邦的赦免。司馬遷這些一波三折的描寫，生動地刻畫出了蕭何的性格特點。

集評

【索隱述贊】蕭何爲吏，文而無害。及佐興王，舉宗從沛。關中既守，轉輸是賴。漢軍屢疲，秦兵必會。約法可久，收圖可大。指獸發蹤，其功實最。政稱畫一，居乃非泰。繼絕寵勤，式旌礪帶。

曹相國世家

題解 《曹相國世家》選自《史記》卷五十四，世家第二十四。這是一篇關於曹參的傳記。張良、蕭何、曹參都是輔佐劉邦建立大漢朝的功勛人物。本文主要記述了曹參攻城野戰之功和其『清静無爲』的治國思想及舉動。

原文 平陽侯曹參者，沛人也。秦時爲沛獄掾，而蕭何爲主吏，居縣爲豪吏矣。

高祖爲沛公而初起也，參以中涓從。將擊胡陵、方與，攻秦監公軍，大破之。東下薛，擊泗水守軍薛郭西。復攻胡陵，取之。徙守方與。方與反爲魏，擊之。豐反爲魏，攻之。賜爵七大夫。擊秦司馬枿軍碭東，破之，取碭、狐父、祁善置。又攻下邑以西，至虞，擊章邯車騎。攻爰戚及亢父，先登。遷爲五大夫。北救阿，擊章邯軍，陷陳，追至濮陽。攻定陶，取臨濟。南救雍丘。擊李由軍，破之，殺李由，虜秦候一人。秦將章邯破殺項梁也，沛公與項羽引而東。楚懷王以沛公爲碭郡長，將碭郡兵。於是乃封參爲執帛，號曰建成君。遷爲戚公，屬碭郡。

其後從攻東郡尉軍，破之成武南。擊王離軍成陽南，復攻之杠里，大破之。追北，西至開封，擊趙賁軍，破之，圍趙賁開封城中。西擊將楊熊軍於曲遇，破之，虜秦司馬及御史各一人。遷爲執珪。從攻陽武，下轘轅、緱氏，絕河津，還擊趙賁軍尸北，破之。從南攻犨，與南陽守齮戰陽城郭東，陷陳①，取宛，虜齮，盡定南

曹參

曹參，西漢王朝的開國功臣，早年隨漢高祖劉邦起兵。高祖六年，封平陽侯，食邑萬户。後經蕭何舉薦爲相，在位期間，繼續執行蕭何時期的政策，不予改變。

地理志平陽縣屬河東。又按春秋緯及博物志，并云參字敬伯。

淄州高苑縣西北二里有秋故城，安帝改曰臨濟。

括地志云：『陽武故城在鄭州陽武縣東北十八里，漢陽武縣城也。』

陽郡。從西攻武關、嶢關，取之。前攻秦軍藍田南，又夜擊其北，秦軍大破，遂至咸陽，滅秦。

【注釋】①陳：同「陣」，交戰時的戰鬥隊列。

【譯文】平陽侯曹參是沛縣人。秦朝的時候他是沛縣的獄掾，而蕭何是沛縣的主吏，他們在縣裏都可以說是很有權勢的官吏。

高祖作爲沛公剛開始起義的時候，曹參就以中涓的身份追隨高祖。曹參帶領軍隊攻打胡陵、方與，攻擊秦朝郡監的軍隊，將敵軍打得大敗。向東占領了薛縣，在薛縣外城的西邊攻打泗水郡守的軍隊。又一次帶兵攻打胡陵，幷且成功奪取胡陵。曹參帶領軍隊轉而去守衛方與，方與發生反叛，已經投降了魏王，曹參帶兵攻打方與。豐邑也反叛投降了魏王，曹參又帶兵攻打豐邑。沛公賞賜曹參七大夫的爵位。曹參在碭縣東面攻擊秦朝司馬枿的軍隊，將他打敗，成功奪取了碭縣、狐父以及祁縣的善置。曹參又攻打下邑以西的地區，一路攻打到虞縣，攻打章邯的車騎部隊。攻打爰戚和亢父的時候，曹參率先登上城樓，被擢升爲五大夫。曹參向北援救東阿，攻打章邯的軍隊，成功將陳縣攻陷，一路追擊章邯到濮陽。帶兵攻打定陶，成功占領臨濟。向南援救雍丘，攻擊李由的軍隊，將李由軍隊打敗，幷且殺死了李由，俘虜了秦朝的一個軍候。秦朝的將領章邯打敗了項梁的軍隊，殺死了項梁，沛公和項羽都帶領軍隊向東歸去。楚懷王任命沛公爲碭郡長，負責統領碭郡的軍隊。於是沛公就封曹參爲執帛，號稱建成君。不久，曹參又升爲戚縣縣令，屬於碭郡。

後來，曹參跟隨沛公攻擊東郡尉帶領的軍隊，在成武南大敗敵軍。在成陽南攻打王離率領的軍隊，又在杠里將王離的軍隊打得大敗。曹參追逐敗軍，向西一直追到開封，前去攻擊趙賁帶領的軍隊，又將趙賁打敗，把他圍困在開封城中。接着曹參又向西進軍，在曲遇進攻秦將楊熊的軍隊，將他打敗，活捉了秦朝的一個司馬和一個御史。曹參晉升爲執珪。曹參隨從沛公攻打陽武城，占領了轘轅、緱氏，將黃河的渡口封鎖，回軍在尸北對趙賁的軍隊展開了進攻，將他打敗。跟隨沛公向南攻打犨縣，與秦朝南陽郡守齮在陽城外城的東面交戰，成功攻破了敵陣，占領了宛縣，活捉了齮，將南陽郡全部平定。跟隨沛公向西攻打武關、嶢關，占領了這兩個地方。繼續帶兵向前推進，在藍田南部攻擊秦軍，又連夜在藍田北部攻打秦軍，將秦軍打得大敗，於是帶兵來到咸陽，將秦朝消滅。

括地志云：「好畤城在雍州好畤縣東南十三里。」

原文

項羽至，以沛公爲漢王。漢王封參爲建成侯。從至漢中，遷爲將軍。從還定三秦，初攻下辯、故道、雍、斄。擊章平軍於好畤南，破之，圍好畤，取壤鄉。擊三秦軍壤東及高櫟，破之。復圍章平，章平出好畤走。因擊趙賁、内史保軍，破之。東取咸陽，更名曰新城。參將兵守景陵二十日，三秦使章平等攻參，參出擊，大破之。賜食邑於寧秦。參以將軍引兵圍章邯於廢丘。以中尉從漢王出臨晉關。至河内，下脩武，渡圍津，東擊龍且、項他定陶，破之。東取碭、蕭、彭城。擊項籍軍，漢軍大敗走。參以中尉圍取雍丘。王武反於外黃，程處反於燕，往擊，盡破之。柱天侯反於衍氏，又進破取衍氏。擊羽嬰於昆陽，追至葉。還攻武強，因至滎陽。參自漢中爲將軍中尉，從擊諸侯，及項羽敗，還至滎陽，凡二歲。

譯文

項羽來到關中以後，封沛公爲漢王。漢王封曹參爲建成侯。曹參跟隨漢王來到漢中，晉升爲將軍。曹參跟隨漢王回軍平定了三秦，開始攻打下辯、故道、雍縣、斄縣。在好畤南面攻擊章平的軍隊，將章平打敗，對好畤進行圍攻，成功奪取壤鄉。在壤東及高櫟攻擊三秦的軍隊，將他們全部打敗。曹參又將章平團團圍住，章平從好畤突圍逃跑。曹參又帶兵攻打趙賁、内史保的軍隊，將他們打敗。曹參帶兵向東奪取了咸陽城，將咸陽城更名爲新城。曹參帶領軍隊在景陵鎮守了二十天，三秦派章平等將領攻打曹參，曹參出擊迎敵，將章平等人的軍隊打得大敗。漢王將寧秦賞賜給曹參，作爲他的封邑。曹參憑借將軍的身份將章邯包圍在廢丘。曹參用中尉的身份跟隨漢王出臨晉關。曹參來到河内後，成功攻克脩武，從白馬津渡過黃河，帶領軍隊向東進軍，在定陶攻打龍且和項他，將他們打敗。向東攻擊并占領了碭縣、蕭縣、彭城，攻打項籍的軍隊，漢軍被打得大敗逃走。曹參用中尉的身份圍攻并占領了雍丘。漢王手下的將領王武在外黃發動叛變，程處在燕縣叛變，曹參帶領軍隊前去平定叛亂，把他們全部打敗。柱天侯在衍氏叛變，曹參又帶領軍隊大敗叛軍，將衍氏收復。在昆陽攻打羽嬰，一直追逐羽嬰到葉縣，回軍攻打武強，乘勢一路打到滎陽。曹參在漢中擔任將軍中尉以後，跟隨漢王攻打諸侯和項羽，到項羽兵敗，回到滎陽，一共用了兩年時間。

括地志云：『張陽故城一名東張城，在蒲州虞鄉縣西北四十里。』

原文　高祖二年，拜爲假左丞相，入屯兵關中。月餘，魏王豹反，以假左丞相別與韓信東攻魏將軍孫遬軍東張，大破之。因攻安邑，得魏將王襄。擊魏王於曲陽，追至武垣，生得魏王豹。取平陽，得魏王母妻子，盡定魏地，凡五十二城。賜食邑平陽。因從韓信擊趙相國夏說軍於鄔東，大破之，斬夏說。韓信與故常山王張耳引兵下井陘，擊成安君，而令參還圍趙別將戚將軍於鄔城中。戚將軍出走，追斬之。乃引兵詣敖倉漢王之所。韓信已破趙，爲相國，東擊齊。參以右丞相屬韓信，攻破齊歷下軍，遂取臨菑。還定濟北郡，攻著、漯陰、平原、鬲、盧。已而從韓信擊龍且軍於上假密，大破之，斬龍且，虜其將軍周蘭。定齊，凡得七十餘縣。得故齊王田廣相田光，其守相許章，及故齊膠東將軍田既。韓信爲齊王，引兵詣陳，與漢王共破項羽，而參留平齊未服者。

項籍已死，天下定，漢王爲皇帝，韓信徙爲楚王，齊爲郡。參歸漢相印。高帝以長子肥爲齊王，而以參爲齊相國。以高祖六年賜爵列侯，與諸侯剖符，世世勿絕。食邑平陽萬六百三十戶，號曰平陽侯，除前所食邑。

譯文　高祖二年，高祖任命曹參爲代理左丞相，帶領軍隊駐扎在關中。一個多月後，魏王豹叛變，曹參以代理左丞相的身份與韓信一起帶領軍隊向東進軍討伐魏王豹，在東張攻打魏的將軍孫遬，大破孫遬的軍隊。曹參趁勢攻打安邑，活捉了魏王的將領王襄。在曲陽攻打魏王，一直追擊魏王到武垣，活捉了魏王豹。攻打并占領了平陽城，活捉了魏王的母親、妻妾、兒女，將魏國地區全部占領，一共得到了五十二座城池。漢王將平陽賞賜給曹參作爲他的食邑。所以曹參又跟隨韓信在鄔東攻打趙相國夏說的軍隊，大敗夏說的軍隊，將夏說殺死。韓信和原常山王張耳帶領軍隊行軍到井陘，攻打成安君，命令曹參回軍將趙國的另一將軍戚將軍包圍在鄔城。戚將軍突圍逃走，曹參追趕上他并殺死了他。於是曹參帶領軍隊來到敖倉漢王的營地。韓信已將趙國打敗，當上了相國，帶領軍隊向東進軍攻打齊國。

三教源流聖帝

所謂三教，指的是儒、佛、道三家。其中道教的前身黄老之學始於戰國盛於西漢，假託黄帝和老子的思想，實爲道家和法家思想結合，并兼采陰陽、儒、墨等諸家觀點而成。

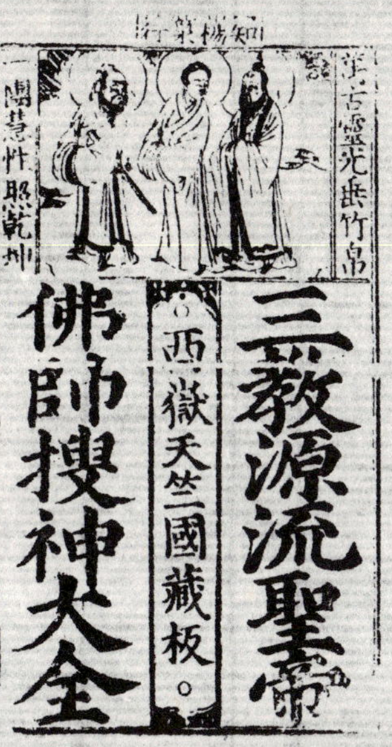

曹參以右丞相的身份聽命於韓信，打敗了齊國在歷下的駐軍，於是占領了臨菑。回軍平定了濟北郡，攻打著縣、漯陰縣、平原縣、鬲縣、盧縣。沒過不久，曹參跟隨韓信在上假密攻打龍且所率領的軍隊，大敗敵軍，殺死了龍且，活捉了龍且的部將周蘭。平定了齊國，一共攻占了七十餘個郡縣。活捉了原齊王田廣、丞相田光、代理留守丞相許章，以及原齊膠東將軍田既。韓信當上了齊王，帶領軍隊到達陳縣，與漢王軍隊聯合，一起打敗了項羽，而曹參奉命留下來將齊國還沒有降服的地區全部平定。

項籍死去以後，天下得以安定，漢王當上了皇帝，改封韓信爲楚王，齊國劃爲他的郡屬。曹參將丞相印歸還給高帝。高帝封長子劉肥爲齊王，而委任曹參爲齊國的相國。在高帝六年進行列侯爵位賞賜的時候，朝廷與諸侯剖符爲憑，承諾讓受封者爵位世代相傳而不會斷絕。平陽一萬零六百三十戶作爲曹參的食邑，封曹參爲平陽侯，取消以前分封給曹參的食邑。

原文

以齊相國擊陳豨將張春軍，破之。黥布反，參以齊相國從悼惠王將兵車騎十二萬人，與高祖會擊黥布軍，大破之。南至蘄，還定竹邑、相、蕭、留。參功：凡下二國，縣一百二十二；得王二人，相三人，將軍六人，大莫敖、郡守、司馬、候、御史各一人。

孝惠帝元年，除諸侯相國法，更以參爲齊丞相。參之相齊，齊七十城。天下初定，悼惠王富於春秋，參盡召長老諸生，問所以安集百姓，如齊故諸儒以百數，言人人殊，參未知所定。聞膠西有蓋公，善治黄老言，使人厚幣請之。既見蓋公，蓋公爲言治道貴清靜而民自定，推此類具言之。參於是避正堂，舍蓋公焉。其治要用黄老術，故相齊九年，齊國安集，大稱賢相。

地理志蘄、竹邑、相、蕭四縣屬沛。韋昭云『留今屬彭城』，則漢初亦屬沛也。

漢書音義曰：『夫獄市兼受善惡，若窮極，奸人無所容竄；奸人無所容竄，久且爲亂。秦人極刑而天下畔，孝武峻法而獄繁，此其效也。』

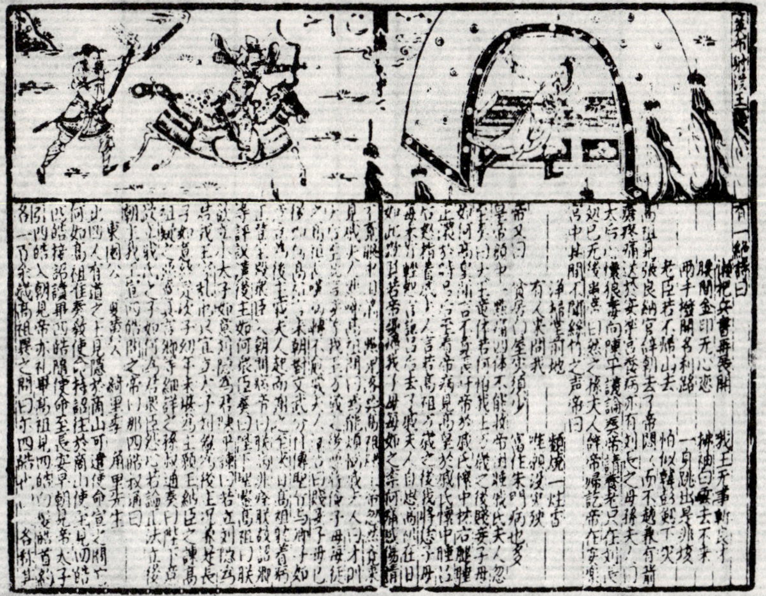

黥布射漢王

譯文　曹參以齊國相國的身份帶領軍隊攻打陳豨的部將張春的軍隊，將張春打敗。黥布發動叛亂，曹參以齊國相國的身份跟隨齊悼惠王帶領步兵和車騎一共十二萬人，與高帝軍隊會合，一起攻打黥布的軍隊，將黥布打得大敗。曹參向南一直打到蘄縣，回軍平定了竹邑、相縣、蕭縣和留縣。曹參的戰功：一共攻打下兩個諸侯國，一百二十二個郡縣，俘虜了兩個諸侯王，三個諸侯王的丞相，六名將軍，大莫敖、郡守、司馬、軍候、御史各一人。

孝惠帝元年，朝廷廢除了在諸侯國設置相國的政策，改任曹參爲齊國的丞相。曹參在擔任齊國丞相的時候，齊國下屬一共統轄了七十座城池。天下剛剛平定，悼惠王年紀輕輕，曹參將長老、書生都召到齊國來，向他們詢問讓天下百姓安定的方法，到會的原本齊國的好幾百名儒生，各執一詞，曹參聽後拿不定主意按照哪種方法做。聽説膠西有位蓋公，精通運用黃老學説治理國家，曹參派人攜帶厚禮去邀請蓋公。見到蓋公後，蓋公對曹參説，治理國家的辦法應該是崇尚清靜無爲，這樣一來百姓們自己就會安定下來，并推舉出這方面的同類事情，向曹參分別陳述道理。曹參於是讓出自己的正堂，讓蓋公住到裏面。曹參治理國家的要領是采用黃老學説，所以他在擔任齊相的九年間，齊國安定繁榮，百姓大力稱贊他是一個賢明的丞相。

原文　惠帝二年，蕭何卒。參聞之，告舍人趣①治行，『吾將入相』。居無何，使者果召參。參去，屬②其後相曰：『以齊獄市爲寄，慎勿擾也。』後相曰：『治無大於此者乎？』參曰：『不然。夫獄市者，所以并容也，今君擾之，奸人安所容也？吾是以先之。』參始微時，與蕭何善；及爲將相，有卻。至何且死，所推賢唯參。參代何爲漢相國，舉事無所變更，一遵蕭何約束。

擇郡國吏木詘於文辭，重厚長者，即召除爲丞相史。吏之言文刻深，欲務聲名者，輒斥去之。日夜飲醇酒。卿大夫已下吏及賓客見參不事事，來者皆欲有言。至者，參輒飲以醇酒，間之，欲有所言，復飲之，醉而後去，終莫得開說，以爲常。

相舍後園近吏舍，吏舍日飲歌呼。從吏惡之，無如之何，乃請參游園中，聞吏醉歌呼，從吏幸相國召按之。乃反取酒張坐[3]飲，亦歌呼與相應和。

注釋 ①趣：通「促」，趕快。②屬：同「囑」，囑託。③張坐：陳設坐席。坐，同「座」。

譯文 惠帝二年，相國蕭何去世。曹參得知這個消息，告訴門客迅速收拾行裝，說：「我將要入朝當相國了。」沒過多久，朝廷果然派使臣來召曹參入朝。曹參離開的時候，囑咐齊國的繼任丞相說：「要將齊國的監獄和市場當成是威懾手段，維持原狀，勿做變動。一定要慎重，就算是壞人不多也不要輕易撤銷。」繼任丞相說：「治理國家沒有比這些更重要的事情了嗎？」曹參說：「不是這樣的。監獄和市場的職能是懲惡勸善，因此善惡得以兼容，現在你如果干擾或者撤銷它的話，惡人到哪裏容身呢？

因此我將獄市擺在頭等重要的位置。」曹參原本身份卑微的時候，和蕭何的關係很好，等到他們都官至將軍、相國之後，卻產生了隔閡。蕭何在臨終的時候，向惠帝推薦的賢能之臣就衹有曹參一個人。曹參接替蕭何成了漢朝的相國，處理事情沒有任何變化，一切都遵循蕭何原本制定的法度。

曹參從郡國的官吏中尋找那些不善於言辭，行事穩重的長者，找到這樣的人後馬上將他召來任命爲丞相史。凡是語言文字要求苛刻，對細微末節要求嚴格，想致力於聲名的人，曹參總是將他們斥退趕走。曹參不分晝夜都要飲用十分醇美的美酒。卿大夫以下的官吏及賓客看見曹參沒有做出什麼有政績的事情，紛紛上門來想要對曹參進言勸告。客人到達以後，曹參就將醇厚的美酒拿出來把他們的嘴堵住，過一會兒，有的來客想進言，曹參又將酒遞過去讓他們喝，直到客人喝醉離去，始終不給客人開口進言的機會，這已經是經常見到的事情了。

相國住宅的後園與官吏的宿舍很接近，官吏宿舍日日飲酒高歌、歡呼叫嚷。曹參的隨從官吏很討厭這樣的狀況，卻又沒有辦法，於是他們邀請曹參到後園游玩，曹參聽到官吏們醉酒高歌、狂呼喧鬧，隨從的官吏本來希望相國能將他們召來論罪處置。但是曹參卻讓隨從的官吏取來美酒，將座位擺好就少者不足之詞，故胡亥亦云『丞相豈少我哉』。蓋帝以丞相豈不是嫌少於我哉。小顏以爲『我年少』，非也。

地痛飲起來，也和官吏們一起高歌歡呼，互相應和。

【原文】參見人之有細過，專掩匿覆蓋之，府中無事。

參子窋爲中大夫。惠帝怪相國不治事，以爲『豈少朕與』？乃謂窋曰：『若歸，試私從容問而父曰：「高帝新棄群臣，帝富於春秋，君爲相，日飲，無所請事，何以憂天下乎？」然無言吾告若也。』窋既洗沐歸，間侍，自從其所諫參。參怒，而笞窋二百，曰：『趣入侍，天下事非若所當言也。』至朝時，惠帝讓參曰：『與窋胡治乎？乃者我使諫君也。』參免冠謝曰：『陛下自察聖武孰與高帝？』上曰：『朕乃安敢望先帝乎！』曰：『陛下觀臣能孰與蕭何賢？』上曰：『君似不及也。』參曰：『陛下言之是也。且高帝與蕭何定天下，法令既明，今陛下垂拱，參等守職，遵而勿失，不亦可乎？』惠帝曰：『善。君休矣！』

【譯文】曹參看到他人的小過失，總是隱瞞掩蓋，不嚴加苛責，因此相府裏總是平平安安，沒什麼大事。

曹參的兒子曹窋在漢朝擔任中大夫之職。惠帝責備相國不理朝政，認爲相國的這種做法『難道不是在輕視我嗎』？於是對曹窋說：『你回去，私下裏試探着詢問一下你的父親：「高帝剛剛駕崩，剛登基的皇帝還很年輕，你身爲相國，整天飲酒作樂，不向皇帝請示彙報，如何治理國家大事呢？」但是不要說這話是我告訴你的。』曹窋假日休息的時候回到家，空閑時陪着父親，將惠帝的話變成自己的話向曹參進言。曹參十分生氣，鞭打了曹窋兩百下。說道：『你趕快進宮侍奉皇上。天下的事不是你應當說的。』到上朝的時候，惠帝責備曹參說：『爲什麼懲治曹窋呢？是我叫他勸你的。』曹參摘下帽子請罪說：『請陛下自己仔細想想，你和高帝相比誰更加聖明英武？』皇上說：『我怎麼能跟先帝相比呢！』曹參說：『那陛下能看出我的才能和蕭何的才能相比誰更勝一籌呢？』皇上說：『你大概比不上蕭何。』曹參說：『陛下所言甚是。何況高帝和蕭何一起平定了天下，政策法令已經明確施行，現在陛下衹需垂衣拱手，曹參等大臣衹需謹守職責，遵循已有的法度不進行任何改變，不也就可以了嗎？』惠帝說：『好。你不要再說啦。』

年畫《蕭規曹隨》

原文　參爲漢相國，出入三年。卒，謚懿侯。子窋代侯。百姓歌之曰：『蕭何爲法，顜若畫一；曹參代之，守而勿失。載其清淨，民以寧一。』

平陽侯窋，高后時爲御史大夫。孝文帝立，免爲侯。立二十九年卒，謚爲靜侯。子奇代侯，立七年卒，謚爲簡侯。子時代侯。時尙平陽公主，生子襄。時病癘，歸國。立二十三年卒，謚夷侯。子襄代侯。襄尙衛長公主，生子宗。立十六年卒，謚爲共侯。子宗代侯。征和二年中，宗坐太子死，國除。

譯文　曹參前前後後一共擔任了三年漢朝的相國。他去世以後，追封謚號爲懿侯。他的兒子曹窋繼承侯位。百姓歌頌曹參說：『蕭何制定法規，讓事理明白劃一；曹參接替蕭何，遵循原有法例而不加改變。執行他的清靜無爲政策，使百姓得以安定統一。』

平陽侯曹窋，高后執政的時候擔任御史大夫。孝文帝即位以後，免官爲侯。爲侯二十九年之後去世，謚號靜侯。他的兒子曹奇繼承侯位，爲侯七年去世，謚號簡侯。他的兒子曹時繼承侯位，曹時娶了平陽公主，生下兒子曹襄。曹時患上疫病，回到自己的封國。爲侯二十三年去世，謚號夷侯。他的兒子曹襄繼承侯位。曹襄娶了衛長公主，生下兒子曹宗。爲侯十六年去世，謚號共侯。他的兒子曹宗繼承侯位。征和二年的時候，曹宗因爲受太子事件的株連而被處死，他的封國也被廢除。

原文　太史公曰：曹相國參攻城野戰之功所以能多若此者，以與淮陰侯俱。及信已滅，而列侯成功，唯獨參擅其名。參爲漢相國，清靜極言合道。然百姓離秦之酷後，參與休息無爲，故天下俱稱其美矣。

【譯文】太史公說：曹相國攻城略地的功勞之所以能如此衆多，是由於他能夠和淮陰侯韓信一起戰鬥。等到韓信被殺之後，列舉諸位列侯的戰功，就衹有曹參仍然美名盛傳。曹參做漢朝的相國，施行清靜無爲的政策，這與道家的黄老學說完全吻合。對於剛剛脫離秦朝殘酷統治的百姓來說，曹參這樣的做法是給了他們休養生息的機會，所以全天下的百姓都歌頌他的美德。

【賞析】司馬遷對曹參的英勇善戰和治國方略基本上是肯定的，認爲曹參施行的政策，使人民得以休養生息，也使他受到了天下人的稱頌。曹參跟隨劉邦起兵以來，參加了對秦軍、項羽及叛軍的無數次戰鬥，立下了『凡下二國，縣一百二十二；得王二人，相三人，將軍六人……』的顯赫戰功，爲西漢政權的建立做出了重大貢獻。曹參任相國後，主張一切順應自然，采取『無爲而治』的做法。他『日夜飲醇酒』；他的下屬及賓客想規勸他，他反倒一再地向他們勸酒；他甚至對周圍的官員房舍中醉酒呼叫的吵鬧聲，不但不感到厭煩，反而『取酒張坐飲，亦歌呼與相應和』。司馬遷寫了他受黄老學說影響的一面，但更寫了他積極的一面。他的『醉』不同於貪官污吏的醉生夢死，他的『無爲』也不是眞的什麼事也不做，否則善於識別人才的蕭何決不會推薦曹參做自己的繼承人。他衹是堅定地按照劉邦、蕭何制定的方針政策辦事。他重視官員的素質，提拔那些質樸忠厚之人，摒棄那些華而不實、沽名釣譽之徒。生活上的醉酒并沒有掩蓋他政治上的清醒。蕭何制定的法令對西漢初年政權的鞏固和發展起了重要作用，曹參清楚地認識到了這一點，所以他接替蕭何爲相後，『舉事無所變更，一遵蕭何約束』，不輕易改變那些行之有效的法令政策。他的政治頭腦和治國方針，在他與孝惠皇帝的一番對話中更加顯明地表露出來。司馬遷交替地寫他的『醉』與『醒』，生動地刻畫了曹參的形象。當然，曹參戰功的獲得多借助了韓信的才幹和力量，而他的治國方針又過多地依從蕭何，這些從文中所述事實及司馬遷對曹參的評價中我們是可以看得出來的。

【集評】【索隱述贊】曹參初起，爲沛豪吏。始從中涓，先圍善置。執珪執帛，攻城略地。衍氏既誅，昆陽失位。北禽夏說，東討田溉。剖符定封，功無與二。市獄勿擾，清凈不事。尚主平陽，代享其利。

括地志云：『故留城在徐州沛縣東南五十五里。今城內有張良廟也。』

嘗訓經也。間，閑字也。從容，間暇也。從容謂從任其容止，不矜莊也。

留侯世家

題解 《留侯世家》選自《史記》卷五十五，世家第二十五。這是一篇關於張良的傳記。與周八百年之姜子牙，旺漢四百年之張子房，姜尚、張良、諸葛亮、劉基等人都是史上著名的謀略家，都輔佐各自的君主建立了基業。本篇記錄了傳奇人物張良的相關事迹。

原文 留侯張良者，其先韓人也。大父開地，相韓昭侯、宣惠王、襄哀王。父平，相釐王、悼惠王。悼惠王二十三年，平卒。卒二十歲，秦滅韓。良年少，未宦事韓。韓破，良家僮三百人，弟死不葬，悉以家財求客刺秦王，爲韓報仇，以大父、父五世相韓故。

良嘗學禮淮陽。東見倉海君。得力士，爲鐵椎重百二十斤。秦皇帝東游，良與客狙擊秦皇帝博浪沙中，誤中副車。秦皇帝大怒，大索天下，求賊甚急，爲張良故也。良乃更名姓，亡匿下邳。

荊軻入秦行刺

嬴政的殘酷攻伐令六國不寒而栗，於是有了荊軻刺秦王的悲壯之舉。始皇帝奪得天下之後的殘暴統治也同樣激起了民衆的反抗，人們對他恨之入骨，欲殺之而後快。

良嘗間從容步游下邳圯上，有一老父，衣褐，至良所，直墮其履圯下，顧謂良曰：『孺子，下取履！』良鄂①然，欲毆之。爲其老，強忍，下取履。父曰：『履我！』良業爲取履，因長跪履之。父以足受，笑而去。良殊大驚，隨目之。父去里所，復還，曰：『孺子可教矣。後五日平明，與我會此。』良因怪之，跪曰：『諾。』五日平明，良往。父已先在，怒曰：『與老人期，後，何也？』去，曰：『後五日早會。』五日雞鳴，良往。父又先在，復怒曰：『後，何也？』去，曰：『後五日

張良受書

復早來。』五日，良夜未半往。有頃，父亦來，喜曰：『當如是。』出一編書，曰：『讀此則爲王者師矣。後十年興。十三年孺子見我濟北，穀城山下黃石即我矣。』遂去，無他言，不復見。旦日視其書，乃《太公兵法》也。良因異之，常習誦讀之。居下邳，爲任俠。項伯常殺人，從良匿。

注釋　①鄂：通『愕』。

譯文　留侯張良，他的先人是韓國人。祖父開地做過韓昭侯、宣惠王、襄哀王的宰相。父親張平做過釐王、悼惠王的宰相。悼惠王二十三年的時候，父親張平去世。死後二十年，秦國殲滅韓國。張良年少，沒有在韓國做過官。韓國滅亡的時候，張良家有三百名奴僕。張良的弟弟死後沒有舉行厚葬，而是用盡全部家財來尋求能夠刺殺秦王的刺客，衹是爲了給韓國報仇。這是因爲他的祖父、他的父親曾經擔任過五代韓王宰相的緣故。

張良曾經在淮陽學習禮學，在東方遇見過倉海君，他尋找一名大力士，做了一個一百二十斤重的大鐵錘。秦皇帝去東方巡視的時候，張良與大力士一起在博浪沙中襲擊秦皇帝，卻衹是傷了其中一輛隨行的車子，秦皇帝十分生氣，下令大肆搜捕全國，一定要速速捉拿到刺客，這正是張良所引起的事情。因此張良爲自己更改了姓名，逃到下邳後躲藏起來。

張良曾在空閑的時候來到下邳沂水圯橋上漫步，遇見一個老翁，這個老翁衣着簡樸，他經過張良身邊的時候，故意將自己的鞋子掉到橋下，回過頭來對張良說：『小子，下去替我取鞋！』張良十分驚訝，想要揍他。但是因爲他年紀老邁而作罷，衹能強忍着怒火下去將鞋取上來。老翁說：『給我把鞋子穿上！』張良爲他將鞋子拿上來，跪在地上爲老翁穿鞋。老翁將腳伸出來，讓張良爲自己穿好鞋子，然後笑着走開了。張良十分驚訝，一直看着老人離去。老翁離開一里左右的地方，又折了回來，說：『你這小子值得教育啊。五天以後天亮時分，與我在這裏相會。』張良對這件事感到很奇怪，立即跪下說：『好的。』五天以後，天剛亮，張良就去赴約了。老翁已經先來到橋上，老翁看見張良，生氣地說：『與老人約會，你反而後來，這是爲什麼？』老翁走了，并說：『五天以後早點來這裏相會。』五天後，鷄剛剛叫的時候，張良就前去赴約。老翁又先來到橋上，老翁再次生氣地說：『你又晚來，這是爲什麼？』老翁走開了，并說：『五天後，你再早點來這裏與我相會。』五天後，張良不到半夜的時候就趕去赴約了。過了片刻，老翁也來了，老翁高興地說：『這樣就對了。』他拿出一本書，對張良說：『你讀懂這本書就能做帝王的老師了。十年以後就一定會所有發展。十三年以後，你小子會在濟北那裏見到我，我就是穀城山下的一塊黃石！』老翁說完就走了，沒有再說任何話。從此以後，張良再沒有見過老翁。天亮以後張良看老翁送給自己的那本書，是《太公兵法》。張良認爲它是一本與衆不同的書籍，所以經常學習誦讀。

張良居住在下邳的時候，喜歡打抱不平。項伯曾經因爲殺人，在張良居住的地方躲藏起來。

原文 後十年，陳涉等起兵，良亦聚少年百餘人。景駒自立爲楚假王，在留。良欲往從之，道還沛公。沛公將數千人，略地下邳西，遂屬焉。沛公拜良爲廄將。良數以《太公兵法》說沛公，沛公善之，常用其策。良爲他人者，皆不省。良曰：『沛公殆天授。』故遂從之，不去見景駒。

及沛公之薛，見項梁。項梁立楚懷王。良乃說項梁曰：『君已立楚後，而韓諸公子橫陽君成賢，可立爲王，益樹黨。』項梁使良求韓成，立以爲韓王。以良爲韓申徒，與韓王將千餘人西略韓地，得數城，秦輒復取之，往來爲游兵潁川。

沛公之從雒陽南出轘轅，良引兵從沛公，下韓十餘城，擊破楊熊軍。沛公乃令

蕭何

張良與蕭何、韓信被稱爲『漢初三傑』。

韓王成留守陽翟，與良俱南，攻下宛，西入武關。沛公欲以兵二萬人擊秦嶢下軍，良說曰：『秦兵尚強，未可輕。臣聞其將屠者子，賈豎易動以利。願沛公且留壁，使人先行，爲五萬人具食，益爲張旗幟諸山上，爲疑兵，令酈食其持重寶啗秦將。』秦將果畔，欲連和俱西襲咸陽，沛公欲聽之。良曰：『此獨其將欲叛耳，恐士卒不從。不從必危，不如因其解擊之。』沛公乃引兵擊秦軍，大破之。遂北至藍田，再戰，秦兵竟敗。遂至咸陽，秦王子嬰降沛公。

【譯文】十年後，陳勝等人發動起義，張良也召集了一百多名年輕人。景駒自立爲代理楚王，住在留縣。張良準備前去跟隨景駒。在趕往留縣的路上遇到了沛公。沛公帶領着幾千人，在下邳以西作戰，張良便去跟隨了沛公。沛公拜張良爲廄將。張良曾經多次運用自己在《太公兵法》所學的東西來勸說沛公，沛公認爲他說得很對，時常采用他的計策。張良跟其他人講述《太公兵法》，大家聽不明白。張良說：『或許沛公是上天賦予的智慧。』因此就決定跟隨沛公，不趕去跟隨景駒了。

等到沛公到達薛縣以後，遇見了項梁。項梁擁立熊心爲楚懷王。張良就勸說項梁道：『您已經擁立了楚國的後代爲王，而那韓國的公子中要數橫陽君韓成最爲賢能，可以將他擁立爲王，以便給我們增加盟友。』項梁派張良前去尋找韓成，擁立韓成爲韓王，任命張良爲韓國的申徒，與韓王一起帶領一千多名士兵向西攻取韓地，攻占了幾座城邑，秦國不久又重新奪了回去。他們就在潁川一帶往來打游擊戰。

沛公由洛陽向南，穿過轘轅山，張良帶領兵馬跟隨沛公，攻克韓地的十多座城池，大破楊熊的軍隊，於是沛公命令韓王韓成在陽翟留守，他自己則和張良一起向南進軍，攻占宛城，向西直入武關。沛公想要用兩萬人前去攻擊山下的秦軍，張良勸阻沛公說：『秦國的軍隊還很強大，我們不可以輕敵。我聽說那秦軍的將領是一個屠戶的兒子，商人容易被小利所打動。我請求您暫時留守在營中，衹派一部分人先行出發，籌備好五萬人的糧食，在周圍所有的山上多挂些我軍的旗幟，用來作爲疑兵，命令派酈食其帶着貴重的寶物前去誘惑秦將。』秦軍的將領竟然真的叛變了秦國，想要聯合沛公的軍隊一起向西進軍襲擊咸陽，沛公打算聽取他們的意見。張良說：『現在這衹是他們的將領想要叛變秦國而已，恐怕士兵們不會答應，假如士兵們不聽從他的指揮的話，就一定會有危險，不如乘他們現在正在懈怠的時候去攻擊他們。』於是沛公帶領軍隊攻打秦軍，將秦軍打得大敗，沛公追擊敗兵一直追到藍田，與秦軍再次交鋒，秦兵徹底敗北。於是沛公來到咸陽城，秦王子嬰向沛公投降。

【原文】沛公入秦宮，宮室帷帳狗馬重寶婦女以千數，意欲留居之。樊噲諫沛公出舍，沛公不聽。良曰：『夫秦爲無道，故沛公得至此。夫爲天下除殘賊，宜縞素爲資。今始入秦，即安其樂，此所謂「助桀爲虐」。且「忠言逆耳利於行，毒藥苦口利於病」，願沛公聽樊噲言。』沛公乃還軍霸上。

晉灼曰：『資，藉也。欲沛公反秦奢泰，服儉素以爲藉也。』

項羽至鴻門下，欲擊沛公，項伯乃夜馳入沛公軍，私見張良，欲與俱去。良曰：『臣爲韓王送沛公，今事有急，亡去不義。』乃具以語沛公。沛公大驚，曰：『爲將柰何？』良曰：『沛公誠欲倍項羽邪①？』沛公曰：『鯫生教我距關無內諸侯，秦地可盡王，故聽

徐廣曰：『呂靜曰鯫，魚也，音此垢反。』

之。』良曰：『沛公自度能卻項羽乎？』沛公默然良久，曰：『固不能也。今爲柰何？』良乃固要②項伯。項伯見沛公。沛公與飲爲壽，結賓婚。令項伯具言沛公不敢倍項羽，所以距關者，備他盜也。及見項羽後解，語在項羽事中。

【注釋】①邪：同『耶』。②要：通『邀』。

【譯文】沛公進入秦宮之後，看見宮室、帷帳、狗馬、珍貴的寶物以及數以千計的美女，心裏想要留下來住在秦宮。樊噲進言讓沛公出去住，沛公不肯聽從，張良說：『那秦朝昏庸無道，因此沛公才能夠來到這裏。爲天下鏟除殘暴的君主，應該把生活儉樸當作根基。現在我們剛剛進入秦都，就安於享樂的話，這就是所說的「助桀爲虐」啊。而且「忠言逆耳利於行，良藥苦口利於病」，懇請沛公能夠聽從樊噲的話。』於是，沛公帶領軍隊回到霸上駐扎。

項羽來到鴻門駐軍，想要攻擊沛公。於是，項伯連夜疾馳到沛公的軍營。私下與張良會面，想要和張良一起離開。張良說：『我是奉命替韓王護送沛公的，現在有這樣緊急的事情，獨自逃跑是不道

義的行爲。』於是將全部情況都告訴了沛公。沛公十分驚訝，說：『我該怎麼辦呢？』張良說：『沛公是眞的想要背叛項羽嗎？』沛公說：『一個見識淺薄的小子讓我看守住關口，不要讓其他的諸侯進來，如果控制了秦國的全部土地，就能夠稱王了，因此我聽從了他的話。』張良說：『沛公你自己估計一下如果眞正打仗的話你能打敗項羽嗎？』沛公不出聲好久，說道：『當然不能。現在該如何是好？』於是張良堅持把項伯邀請進來。項伯見到沛公，沛公與項伯一起飲酒，沛公祝項伯長壽，兩人還結爲兒女親家，沛公讓項伯回去向項羽說明沛公不敢背叛他，沛公拒守在關口的原因，是爲了防範其他的強盜。等到項伯見到項羽後，雙方就和解了，這些話在《項羽本紀》所寫的事情中都有所記載。

原文

漢元年正月，沛公爲漢王，王巴蜀。漢王賜良金百溢，珠二斗，良具以獻項伯。漢王亦因令良厚遺項伯，使請漢中地。項王乃許之，遂得漢中地。漢王之國，良送至褒中，遣良歸韓。良因說漢王曰：『王何不燒絕所過棧道，示天下無還心，以固項王意。』乃使良還。行，燒絕棧道。

如淳曰：『本但與巴蜀，故請漢中地。』

張良

良至韓，韓王成以良從漢王故，項王不遣成之國，從與俱東。良說項王曰：『漢王燒絕棧道，無還心矣。』乃以齊王田榮反，書告項王。項王以此無西憂漢心，而發兵北擊齊。

項王竟不肯遣韓王，乃以爲侯，又殺之彭城。良亡，間行歸漢王，漢王亦已還定三秦矣。復以良爲成信侯，從東擊楚。

譯文

漢元年正月，沛公成爲漢王，在巴、蜀地區稱王。漢王賞賜給張良一百鎰黃金，二斗珍珠，張良將賞賜全部獻給了項伯。漢王也趁機讓張良多送些財寶給項伯，使項伯請求項王讓他占有漢中。項王竟然答應了漢王的請求，因此漢王得到了漢中。漢王前往封國，張良送漢王到褒中，漢王派張良重新返回韓地。張良趁機勸說漢王：『大王爲什麼不將所經過的棧道全部燒毀，向全天下人表明自己沒有再回來的心意，以此來讓項王的想法更加堅定呢？』於是，漢王讓張良重新返回韓地。沛公在行進過程中，所經過的地方，棧道全部被燒毀。

張良到達韓地，韓王成因爲讓張良跟隨漢王的原因，項王沒有派遣韓王成到自己的封國去，而是讓他跟隨自己一起向東去。張良勸說項王道：『漢王將棧道全部燒毀，并沒有再重新返回的心思啊。』於是，他將齊王田榮謀反發布的文告告知了項王。項王因此而消除了對西面漢王的顧慮，轉而向北發兵前去攻擊齊國。

項王始終不肯讓韓王到封國去稱王，就封韓王成爲侯，又在彭城將韓王成殺死。張良逃跑了，從小路前去投奔漢王。這個時候，漢王也已經回軍平定了三秦。漢王又封張良爲成信侯，讓他跟隨自己向東進軍攻打楚軍。

原文　至彭城，漢敗而還。至下邑，漢王下馬踞鞍而問曰：『吾欲捐關以東等棄之，誰可與共功者？』良進曰：『九江王黥布，楚梟將，與項王有郤[1]；彭越與齊王田榮反梁地：此兩人可急使。而漢王之將獨韓信可屬大事，當一面。即欲捐之，捐之此三人，則楚可破也。』漢王乃遣隨何說九江王布，而使人連彭越。及魏王豹反，使韓信將兵擊之，因舉燕、代、齊、趙。然卒破楚者，此三人力也。

張良多病，未嘗特將也，常爲畫策，時時從漢王。

注釋　①郤：通『隙』，隔閡，裂痕。

譯文　到了彭城，漢軍戰敗退兵。到達下邑的時候，漢王下馬倚靠着馬鞍問道：『我想要放棄函谷關以東的地區將它捐給別人，不知誰能夠和我共成大業呢？』張良進言說：『九江王黥布是楚軍中英勇善戰的猛將，他和項王有矛盾，彭越和齊王田榮在梁地叛亂，這兩個人現在就可以使用。而漢王的將領當中，唯獨韓信是可以囑託大事，獨擋一面的人。假如想要捐棄那塊地方，就捐給這三個人，這樣一來，就能夠打敗楚軍了。』於是漢王派遣隨何前去游說九江王黥布，又派使者去聯合彭越。等到魏王豹叛亂的時候，漢王派韓信帶領軍隊前去討伐他，趁勢攻下燕、代、齊、趙。而最終打敗楚軍，全是憑借這三個人的力量。

張良體弱多病，從來沒有親自帶領軍隊作戰，經常爲漢王出謀劃策，總是跟隨在漢王左右。

原文

漢三年，項羽急圍漢王滎陽，漢王恐憂，與酈食其謀橈楚權。食其曰：『昔湯伐桀，封其後於杞。武王伐紂，封其後於宋。今秦失德棄義，侵伐諸侯社稷，滅六國之後，使無立錐之地。陛下誠能復立六國後世，畢已受印，此其君臣百姓必皆戴陛下之德，莫不鄉風慕義，願爲臣妾。德義已行，陛下南鄉稱霸，楚必斂衽而朝。』漢王曰：『善。趣刻印，先生因行佩之矣。』

食其未行，張良從外來謁。漢王方食，曰：『子房前！客有爲我計橈楚權者。』其以酈生語告，曰：『於子房何如？』良曰：『誰爲陛下畫此計者？陛下事去矣。』漢王曰：『何哉？』張良對曰：『臣請藉前箸爲大王籌之。』曰：『昔者湯伐桀而封其後於杞者，度能制

張晏曰：『求借所食之箸用指畫也。或曰前世湯武箸明之事，以籌度今時之不若也。』

桀之死命也。今陛下能制項籍之死命乎？』曰：『未能也。』『其不可一也。武王伐紂封其後於宋者，度能得紂之頭也。今陛下能得項籍之頭乎？』曰：『未能也。』『其不可二也。武王入殷，表商容之閭，釋箕子之拘，封比干之墓。今陛下能封聖人之墓，表賢者之閭，式①智者之門乎？』曰：『未能也。』『其不可三也。發鉅橋之粟，散鹿臺之錢，以賜貧窮。今陛下能散府庫以賜貧窮乎？』曰：『未能也。』『其不可四矣。殷事已畢，偃革爲軒，倒置干戈，覆以虎皮，以示天下不復用兵。今陛下能偃武行文，不復用兵乎？』曰：『未能也。』『其不可五矣。休馬華山之陽，示以無所爲。今陛下能休馬無所用乎？』曰：『未能也。』『其不可六矣。放牛桃林之陰，以示不復輸積。今陛下能放牛不復輸積乎？』曰：『未能也。』『其不可七矣。且天下游士離其親戚，棄墳墓，去故舊，從陛下游者，徒欲日夜望咫尺之地。今

應劭十三州記『弘農有桃丘聚，古桃林也』。山海經云『夸父之山，北有桃林，廣三百里』也。

復六國，立韓、魏、燕、趙、齊、楚之後，天下游士各歸事其主，從其親戚，反其故舊墳墓，陛下與誰取天下乎？其不可八矣。且夫楚唯無強，六國立者復橈而從之，陛下焉得而臣之？誠用客之謀，陛下事去矣。』漢王輟食吐哺，罵曰：『豎儒，幾敗而公事！』令趣銷印。

注釋 ①式：通『軾』。古代車廂前用作扶手的橫木。這裏指乘車時扶着軾敬禮。

譯文 漢王三年，項羽在滎陽急速將漢王包圍，漢王既害怕又擔憂，和酈食其一起商議削弱楚軍勢力的計謀。酈食其說：『過去商湯討伐夏桀，將夏朝的後代封在杞。武王伐紂，將商朝的後代分封在宋。如今秦朝背信棄義，侵占討伐諸侯國家，將六國的後代全部消滅，讓他們無立錐之地。陛下如果眞能將六國後代的地位恢復，把印信全部交給他們，這樣一來他們的君臣百姓一定都會感激陛下的大恩大德，無不仰慕陛下高尚的德義，希望做陛下的臣子和姬妾。德義廣布施行之後，陛下就能夠面南爲帝，雄霸天下，楚王一定會整理衣冠，恭恭敬敬地前來朝拜。』漢王說：『好。趕快刻製印信，趁先生這次出行的機會就給他們帶去。』

放桀南巢圖 夏桀因爲荒暴無道、沉於美色而亡國，被流放到南巢，後來他跳崖自殺。

酈食其還沒有出行，張良外出回來前來拜見漢王。漢王剛好在吃飯，說：『張良上前來，食客中有人能幫助我出謀劃策削弱楚軍力量。』於是將酈食其的話都告訴了張良，并詢問張良說：『在你看來這個計謀怎麼樣？』張良說：『這是誰給陛下籌謀的計策？假如您眞的這樣做，那麼陛下的大事就全毀了。』漢王說：『爲什麼這麼說呢？』張良回答說：『請允許我借助面前的筷子來幫助大王謀劃一下。』張良接着說：『昔日商湯討伐暴桀而在杞地分封夏的後裔，是因爲他估計到自己可以置夏桀於死地。如今陛下能夠確定將項籍置於死地嗎？』漢王說：『不能。』張良說：『這就是不能分封六國後代的第一個原因。昔日武王伐紂而在宋地分封商的後代，是因爲他估計自己可以得到紂王的人頭。如今陛下有把握可以得到項籍的人頭嗎？』漢王說：『不能。』張良說：『這就是不能分封六國後代的第二個原因。武王進入商朝的都城，在商容所居住的大門口表彰他，釋放了被囚禁的箕子，重新脩建了比干的墳墓。如今陛下可以重建聖人墳墓，在有賢能的人的門口表彰他，在有智慧的人的門口低頭伏按車前木對他表示尊敬嗎？』漢王說：『不能。』張良說：『這是不能分封六國後代的第三個原因。周武王曾經發放鉅橋倉的糧食，散發鹿臺府庫的金錢財寶，將糧食和金錢全部賞賜給貧窮的人。如今陛下能將府庫裏的錢糧散發給貧窮的人嗎？』漢王說：『不能。』張良說：『這是不能分封六國後代的第四個原因。周武王消滅商朝以後，廢棄了戰車，將戰車脩改成載人的車，將戰爭武器全部倒着堆放，用虎皮把它們遮蓋起來，告訴全天下的人從此不再打仗。如今陛下能放棄武力崇尚文治，不再打仗嗎？』漢王說：『不能。』張良說：『這是不能分封六國後代的第五個原因。周武王曾經將所有的戰馬都放到華山南面去牧養，以此來表示自己不再打仗。如今陛下能讓戰馬休息不再使用嗎？』漢王說：『不能。』張良說：『這是不能分封六國後代的第六個原因。周武王曾經將運輸糧草的牛放到桃林的北面去牧養，以此表示自己不再需要運輸和積儲軍糧。如今陛下能讓牛群去放牧而不再用它們運輸和積儲糧草嗎？』漢王說：『不能。』張良說：『這是不能分封六國後代的第七個原因。何況天下的游士遠離他們的親人，放棄了他們的祖墳，告別了自己的故鄉朋友，跟隨陛下四處征戰，日盼夜盼衹是渴望能夠得到一塊封地。現在陛下重新分封六國後代，立韓、魏、燕、趙、齊、楚的後代爲諸侯王，天下的游士都回去侍奉自己的君主，和他們久別的親人團聚，回到他們的老朋友和祖墳所在的故鄉，還有誰願意和陛下一起去奪取天下呢？這是不能分封六國後代的第八個原因。爲今之計，衹是控制那楚國的力量，不讓它再壯大了，假如楚軍力量強大起來了，那些重新分封的六國後代就會全部屈服於楚國，陛下又有什麼辦法讓他們臣服呢？假如陛下眞的采用了食客的計謀，陛下的大事就全毀了。』漢王停下吃飯，將嘴裏飯吐了出來，罵道：『這個沒有見識的人，險些壞了我的大事！』立即下令趕緊銷毀印信。

【原文】**漢四年，韓信破齊而欲自立爲齊王，漢王怒。張良說漢王，漢王使良授齊王信印，語在淮陰事中。**

其秋，漢王追楚至陽夏南，戰不利而壁固陵，諸侯期不至。良說漢王，漢王用其計，諸侯皆至。語在項籍事中。

漢王封三大將

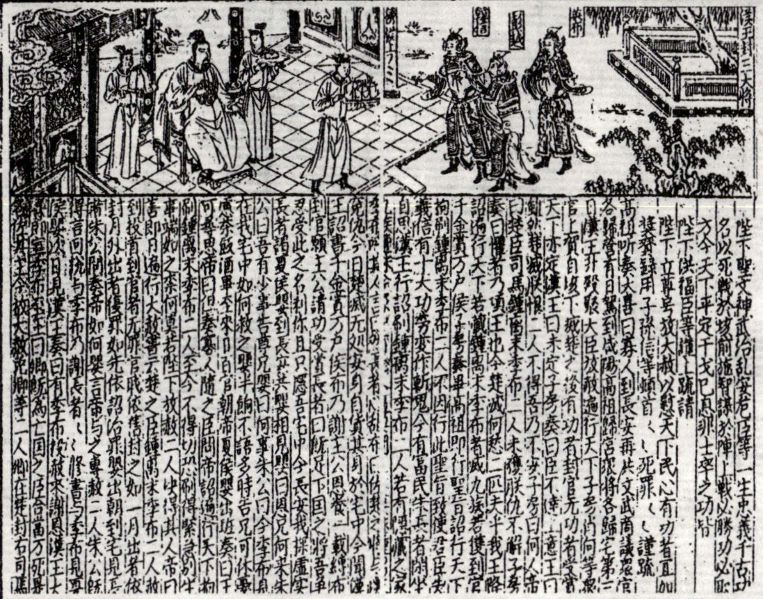

譯文

漢四年，韓信打敗齊國之後想要自立爲齊王，漢王十分生氣。張良勸說一番漢王後，漢王派遣張良前去授予齊王韓信印信。這件事在《淮陰侯列傳》中有所記載。

同年秋天，漢王追逐楚軍一直到了陽夏的南面，因爲戰鬥不利而退到固陵堅守，諸侯到了約定的日期也沒有趕來救援。張良勸說漢王，漢王使用了張良的計策，諸侯這才全部趕到。這件事在《項羽本紀》中有所記載。

原文

漢六年正月，封功臣。良未嘗有戰鬥功，高帝曰：『運籌策帷帳中，決勝千里外，子房功也。自擇齊三萬戶。』良曰：『始臣起下邳，與上會留，此天以臣授陛下。陛下用臣計，幸而時中，臣願封留足矣，不敢當三萬戶。』乃封張良爲留侯，與蕭何等俱封。

上已封大功臣二十餘人，其餘日夜爭功不決，未得行封。上在雒陽南宮，從復道望見諸將往往相與坐沙中語。上曰：『此何語？』留侯曰：『陛下不知乎？此謀反耳。』上曰：『天下屬安定，何故反乎？』留侯曰：『陛下起布衣，以此屬取天下，今陛下爲天子，而所封皆蕭、曹故人所親愛，而所誅者皆生平所仇怨。今軍吏計功，以天下不足遍封，此屬畏陛下不能盡封，恐又見疑平生過失及誅，故即相聚謀反耳。』上乃憂曰：『爲之柰何？』留侯曰：『上平生所憎，群臣所共知，誰最甚者？』上曰：『雍齒與我故，數嘗窘辱我。我欲殺之，爲其功多，故不忍。』留侯曰：『今急先封雍齒以示群臣，群臣見雍齒封，則人人自堅矣。』於是上乃置酒，封雍齒爲什方侯，而急趣丞相、御史定功行封。群臣罷酒，皆喜曰：『雍齒尚爲侯，我屬無患矣。』

譯文 漢六年正月，高祖分封有功之臣，張良從來沒有立過戰功，高帝說：「在帷帳之中出謀劃策，以使在千里之外的前綫決戰取勝，這就是張良的功勞。你自己在齊地任意選擇三萬戶作爲自己的封地。」張良說：「當初我在下邳起兵反秦，在留縣與陛下相遇，這是上天把我交給陛下啊。陛下使用我的計策，臣僥幸有的時候預料對了，我懇請陛下將留縣封給我就滿足了，萬萬不敢承受三萬戶的封地。」於是，高祖封張良爲留侯，與蕭何等人一起接受封賞。

皇上已經封賞了二十多個立下過大功的臣子，剩下的人因爲日夜爭論戰功，無法最後決定，所以沒有進行封賞。皇帝在洛陽南宮裏，從宮中閣道上遠遠看見將領們經常集體坐在沙地上竊竊私語。皇帝說：「這些人在談論什麽事情呢？」留侯張良說：「陛下您不知道嗎？這些人在密謀造反啊。」皇帝說：「天下剛剛歸於平靜，他們因爲什麽原因要造反呢？」留侯說：「陛下以平民的身份起兵反秦，在這些人的幫助下奪取了天下。現在陛下貴爲天子，而受到封賞的都是蕭何、曹參這些您親近愛護的老朋友，而被誅殺的卻都是陛下生平所怨恨的仇人。現在軍吏們都在計算自己的戰功，將全天下的土地都拿來也不夠進行封賞的，這些人擔心陛下無法全部封賞，又害怕陛下對他們平時所犯下的過失有

所顧慮，最後將他們誅殺，因此他們就相聚在一起密謀造反。」皇上擔憂地說：「這可怎麽辦呢？」留侯說：「陛下生平最憎恨的，大家都知道的人，屬誰最爲突出？」皇上說：「雍齒和我有舊怨，他曾經多次侮辱過我，我想殺死他，但是他立下的功勞太多，又不忍心下手。」留侯說：「現在趕快先對雍齒論功行賞，好以這種方法來向群臣昭示清楚，如果大家看到雍齒被封，那麽人心就會穩定了。」於是，皇上擺酒設宴，封雍齒爲什方侯，并加緊催促丞相、御史爲大臣們定功分封。群臣吃完酒宴後，都高興地說：「雍齒都能被封爲侯，我們這幫人沒有什麽其他的擔憂了。」

原文 劉敬說高帝曰：「都關中。」上疑之。左右大臣皆山東人，多勸上都雒陽：「雒陽東有成皋，西有殽黽，倍河，鄉伊雒，其固亦足恃。」留侯曰：「雒陽雖有此固，其中小，不過數百里，田地薄，四面受敵，此非用武之國也。夫關中左殽函，右隴蜀，沃野千里，南有巴蜀之饒，北有胡苑之利，阻三面而守，獨以一面東制諸侯。諸侯安定，河渭漕輓天下，西給京師；諸侯有變，順流而下，足以委輸。此

所謂金城千里，天府之國也，劉敬說是也。』於是高帝即日駕，西都關中。

譯文 劉敬勸說高帝：『在關中建立都城。』皇上猶豫不決。皇帝身邊的大臣都是山東地區人，大多勸說皇帝將都城建在洛陽，大臣們說：『洛陽東有成皋，西有殽山、黽池，以黃河爲依靠，面向伊水、雒水，它地勢險要，城郭堅固，是座完全可以依靠的城池。』留侯說：『儘管洛陽的確如此堅固，但是它面積狹小，不過數百里大小，土地貧瘠，四面受敵，這裏并不是一個方便用武的地方。而那關中，左面有殽山、函谷關，右面有隴、蜀大山，肥沃的土地綿延千里，南面的巴蜀一帶，資源富饒，北面有畜牧的便利條件，憑借三面的險要地勢來防守，衹需控制東方一面的諸侯。諸侯安定下來之後，黃河、渭水能夠將天下的物資向西運輸到京師。假如諸侯有人發動叛亂，可順流而下，也足以運輸物資。這就是所說的金城千里，天府之國啊，劉敬的勸說是正確的。』於是，高帝當天就起駕西行，將都城建在關中。

原文 留侯從入關。留侯性多病，即道引不食穀，杜門不出歲餘。

上欲廢太子，立戚夫人子趙王如意。大臣多諫爭①，未能得堅決者也。呂后恐，不知所爲。人或謂呂后曰：『留侯善畫計筴，上信用之。』呂后乃使建成侯呂澤劫留侯，曰：『君常爲上謀臣，今上欲易太子，君安得高枕而臥乎？』留侯曰：『始上數在困急之中，幸用臣筴。今天下安定，以愛欲易太子，骨肉之間，雖臣等百餘人何益。』呂澤強要曰：『爲我畫計。』留侯曰：『此難以口舌爭也。顧上有不能致者，天下有四人。四人者年老矣，皆以爲上慢侮人，故逃匿山中，義不爲漢臣。然上高此四人。今公誠能無愛金玉璧帛，令太子爲書，卑辭安車，因使辯士固請，宜來。來，以爲客，時時從入朝，令上見之，則必異而問之。問之，上知此四人賢，則一助也。』於是呂后令呂澤使人奉太子書，卑辭厚禮，迎此四人。四人至，客建成侯所。

注釋 ①爭：同『諍』，規勸。

商山四皓

商山四皓是四位著名的學者。他們不願意當官，長期隱藏在商山，出山時都八十有餘，眉髮皓白，故被稱爲『商山四皓』。

【譯文】留侯張良跟隨高帝進入函谷關。留侯生性體弱多病，就練習導引之術，不食五穀，整整一年多閉門不出。

皇上想要廢掉太子，立戚夫人所生的兒子趙王如意爲太子。大臣們紛紛勸諫阻止，但是都沒有改變高祖堅定不移的想法。呂后十分驚慌，不知道該如何是好。有人對呂后說：『留侯張良善於出謀劃策，皇上很信任器重他。』呂后立即派遣建成侯呂澤前去挾持留侯，說：『你曾經是皇帝的謀臣，現在皇帝打算改立太子，你怎麼能夠高枕無憂呢？』留侯說：『當初皇帝曾經數次處於困難和危急關頭，才采用了我的計策。如今天下安定了，皇帝因爲偏愛的緣故想要更替太子，這是至親骨肉之間的事情，就算我們有上百人前去阻止勸說，又有什麼用呢？』呂澤竭力要挾張良說：『你必須爲我出謀劃策。』留侯說：『這件事無法憑借口舌之爭取勝。普天之下衹有四個人，就連皇帝也無法請來。這四個人現在都已經是老年人了，他們都覺得皇上處事傲慢輕侮，因此隱匿到深山中，不願委曲求全，做漢朝的臣子。但是皇上卻很尊重這四個人。現在你如果真能夠不吝惜金玉璧帛，讓太子寫一封書信，言辭一定要懇切恭敬，準備好舒適的車子，派遣一個口才好的人前去堅持邀請他們，他們應該會來。來到皇宮之後，你要像對待高貴的賓客一樣待他們，讓他們經常跟隨太子一起上朝。皇上看見他們，就一定會感到驚異而向他們詢問。皇帝詢問過他們之後，就會了解這四個人的賢能，對更替太子的事會有一定的幫助。』於是呂后命令呂澤派人前去爲太子送信，用謙卑的言辭、豐厚的禮物來迎接這四個老人。四個老人來到關中，就住在建成侯的家中。

【原文】漢十一年，黥布反，上病，欲使太子將，往擊之。四人相謂曰：『凡來者，將以存太子。太子將兵，事危矣。』乃說建成侯曰：『太子將兵，有功則位不益太子；無功還，則從此受禍矣。且太子所與俱諸將，皆嘗與上定天下梟將也，今使太子將之，此無異使羊將狼司馬彪曰：『長安縣東有曲郵聚。』

也，皆不肯爲盡力，其無功必矣。臣聞「母愛者子抱」，今戚夫人日夜待御，趙王如意常抱居前，上曰「終不使不肖子居愛子之上」，明乎其代太子位必矣。君何不急請呂后承間爲上泣言：「黥布，天下猛將也，善用兵，今諸將皆陛下故等夷，乃令太子將此屬，無異使羊將狼，莫肯爲用，且使布聞之，則鼓行而西耳。上雖病，強載輜車，臥而護之，諸將不敢不盡力。上雖苦，爲妻子自強。」』於是呂澤立夜見呂后，呂后承間爲上泣涕而言，如四人意。上曰：『吾惟豎子固不足遣，而公自行耳。』於是上自將兵而東，群臣居守，皆送至灞上。留侯病，自強起，至曲郵，見上曰：『臣宜從，病甚。楚人剽疾，願上無與楚人爭鋒。』因說上曰：『令太子爲將軍，監關中兵。』上曰：『子房雖病，強臥而傅太子。』是時叔孫通爲太傅，留侯行少傅事。

譯文 漢十一年，淮南王黥布發動叛亂，皇帝此時生病，想要任命太子爲將，前去出兵討伐。四

個老人互相商量了一下說：『我們來到這裏，目的是爲了保全太子。如果太子帶領軍隊前去平定叛亂的話，事情就很危險了。』於是勸說建成侯：『太子帶領軍隊去打仗，就算有了功勞，他的地位也不會比太子再高，如果無功而返，那麼禍患就會因此而起了。何況與太子一起出征的各位將領，都是曾經和皇帝一起平定天下，驍勇善戰的猛將。如今派遣太子前去帶領他們，這與讓羊去帶領狼毫無區別，他們都不會爲太子盡全力效忠的，太子沒有戰功是一定的事情了。我們曾經聽說過「母親被寵，她的兒子也會跟着受寵」，如今那戚夫人不分晝夜在皇上身邊服侍，趙王如意經常被抱到皇帝面前，皇帝曾經說過「絕對不可以讓不肖的兒子位居寵愛的兒子之上」，這很清楚，趙王如意勢必要取代太子。你爲什麼不趕快懇請呂后借此機會向皇帝哭訴：「那黥布是全天下共知的猛將，他善於用兵作戰，如今的這些將領都是與陛下過去一起出生入死的同輩人，讓太子去帶領這些人，無異於派羊去帶領狼群一樣，沒有一個人肯爲太子所用。況且如果黥布得知這件事情，他一定會擂鼓西進。皇上雖然正在病痛之中，如果強忍着坐在輜車裏指揮諸位將領，諸位將領一定會竭盡忠誠。皇上儘管有些辛苦，但爲了妻子兒女自己也一定要努力一下。」』於是呂澤連夜敢去拜見呂后，呂后乘機在皇帝面前按照四位長者的方法

如淳曰：『調護猶營護也。』

商山

哭訴了一番。皇帝說：『我就在想這小子根本不足以擔此重任，還是讓朕親自去吧。』於是，皇上親自帶領軍隊向東進發，群臣留守關中，臨行前都來到霸上送行。留侯張良有病，也勉強前來相送，到了曲郵，留侯拜見皇上說：『我本來應該跟隨您一起去的，但是我病得很厲害。楚人敏捷勇猛，希望皇上不要和楚人爭鋒。』又借機勸皇上說：『委任太子爲將軍，讓他負責監護關中的軍隊。』皇上說：『子房雖然有病在身，也一定要勉力支撐好生輔佐太子。』這時，叔孫通是太子太傅，留侯行使太子少傅的職責。

原文 漢十二年，上從擊破布軍歸，疾益甚，愈欲易太子。留侯諫，不聽，因疾不視事。叔孫太傅稱說引古今，以死爭太子。上詳許之，猶欲易之。及燕①，置酒，太子侍。四人從太子，年皆八十有餘，鬚眉皓白，衣冠甚偉。上怪之，問曰：『彼何爲者？』四人前對，各言名姓，曰東園公，角里先生，綺里季，夏黄公。上乃大驚，曰：『吾求公數歲，公辟逃我，今公何自從吾兒游乎？』四人皆曰：『陛下輕士善罵，臣等義不受辱，故恐而亡匿。竊聞太子爲人仁孝，恭敬愛士，天下莫不延頸欲爲太子死者，故臣等來耳。』上曰：『煩公幸卒調護太子。』

注釋 ①燕：通『宴』，安閑。

評文 漢十二年，皇上打敗黥布的軍隊班師回朝，病得更加嚴重，想要改立太子的想法更加強烈。留侯張良進諫，皇帝不聽從，所以張良就稱病不再插手這件事情。太子太傅叔孫通旁徵博引，引用古今事例，以死爲太子爭辯。皇上假意答應了他，但內心還是想要改立太子。一次宴席上，太子侍奉皇帝。四位老者跟隨着太子，年齡都八十有餘，胡子眉毛全都白了，配着衣服和帽子看起來特別偉岸。

皇上感到很奇怪，詢問說：『他們是幹什麼的？』四位老者上前對答，分別報上了自己的姓名，叫東園公、角里先生、綺里季、夏黃公。皇帝非常驚訝，說：『我找尋你們多年，你們始終躲避着我，現在你們爲什麼主動與我的兒子交往呢？』四位老人都說：『陛下您看不起士人，喜歡辱罵士人，我們受不了侮辱，因此惴惴不安地躲藏起來。我們私下聽說太子爲人仁慈孝順，對士人恭敬憐愛，天下沒有誰不是伸長了脖子想要以死爲太子效忠，因此我們就來了。』皇上說：『煩勞諸位能夠始終如一地調教保護太子。』

原文 四人爲壽已畢，趨去。上目送之，召戚夫人指示四人者曰：『我欲易之，彼四人輔之，羽翼已成，難動矣。呂后真而主矣。』戚夫人泣，上曰：『爲我楚舞，吾爲若楚歌。』歌曰：『鴻鵠高飛，一舉千里。羽翮已就，橫絕四海。橫絕四海，當可柰何！雖有矰繳，尚安所施！』歌數闋，戚夫人噓唏流涕，上起去，罷酒。竟不易太子者，留侯本招此四人之力也。

漢書音義曰：『何時未爲相國，良勸高祖立之。』

留侯從上擊代，出奇計馬邑下，及立蕭何相國，所與上從容言天下事甚眾，非天下所以存亡，故不著。留侯乃稱曰：『家世相韓，及韓滅，不愛萬金之資，爲韓報讎強秦，天下振動。今以三寸舌爲帝者師，封萬戶，位列侯，此布衣之極，於良足矣。願棄人間事，欲從赤松子游耳。』乃學辟穀，道引輕身。會高帝崩，呂后德留侯，乃強食之，曰：『人生一世間，如白駒過隙，何至自苦如此乎！』留侯不得已，強聽而食。

譯文 四位老人爲皇帝祝壽完畢之後，小步快走離開。皇帝目送他們出去，并且將戚夫人召來，將這四個人指給戚夫人看說：『我想要改立太子，那四個人一直輔佐太子，現在太子羽翼已經豐滿，恐怕很難變動了。看來呂后真的要成爲你的主人了。』戚夫人哭了，皇帝說：『你爲我跳一支楚舞，我爲你唱一支楚歌。』於是歌唱道：『鴻鵠高飛，一舉能飛出千里。羽翼已經豐滿，四海再也沒有什麼可以阻礙。四海無阻礙，誰又能怎麼做呢？雖然有弓矢，還有什麼用呢？』唱了幾遍，戚夫人涕泪橫流。

商山四皓采蕨圖

皇上起身離開，酒宴結束。最終也沒能改立太子，這是留侯招來的這四位老人之力啊。

留侯跟隨皇帝去攻擊代地，留侯貢獻奇計攻下了馬邑，等到立蕭何爲相國的時候，留侯和皇帝豁達從容地談論的天下事情很多，因爲并不是涉及到天下存亡的大事，因此沒有記載。

留侯說：『我家世代都在韓國爲相，一直到韓國滅亡以後，我不惜萬金家財，替韓國向強秦報仇，這件事情震動了全天下。現在憑借自己的三寸之舌成了皇帝的老師，得到萬戶的分封，位居列侯之位，這對於一個平民百姓來說已經到了極點，對我來說已感到很滿足了。我希望放棄人世間的事情，想要跟隨赤松子游歷。』於是張良學起黃老之術，不食五穀，用導引之術強健身體。適逢高帝駕崩，呂后感激留侯的恩德，就強逼他吃飯，呂后說：『人生一世，猶如白駒過隙，你又何必自找苦吃到這種地步呢？』留侯沒有辦法，勉強聽從了呂后的話，開始進食。

原文　後八年卒，謚爲文成侯。子不疑代侯。子房始所見下邳圯上老父與太公書者，後十三年從高帝過濟北，果見穀城山下黃石，取而葆①祠之。留侯死，并葬黃石。每上冢伏臘，祠黃石。留侯不疑，孝文帝五年坐不敬，國除。

太史公曰：學者多言無鬼神，然言有物。至如留侯所見老父予書，亦可怪矣。高祖離②困者數矣，而留侯常有功力焉，豈可謂非天乎？上曰：『夫運籌帷帳之中，決勝千里外，吾不如子房。』余以爲其人計魁梧奇偉，至見其圖，狀貌如婦人好女。蓋孔子曰：『以貌取人，失之子羽。』留侯亦云。

注釋　①葆：通『寶』。②離：通『罹』，遭遇。

詩緯云『風后，黃帝師，又化爲老子，以書授張良』。亦橐說。

列子御風

《莊子·逍遥游》中描寫列子具有駕御風的能力，某些人可以『不食五穀，吸風飲露』。道教認爲，人食五穀雜糧，要在腸中積結成糞，產生穢氣，阻礙成仙。辟穀術起於先秦，張良顯然受到了它的影響。

譯文

八年以後，留侯張良去世，追封謚號文成侯。他的兒子張不疑繼承了留侯的侯爵。當初張良在下邳橋上遇見的那個送他《太公兵法》的老翁，果然在十三年後，張良跟隨高帝路過濟北的時候，看到穀城山下有一塊黃石。張良將它帶回去，作爲珍寶一樣地供奉祭祀起來。留侯去世，一起安葬了黃石。後人每逢掃墓和伏日、臘日前來祭祀的時候，也一起祭祀黃石。

留侯張不疑在孝文帝五年因爲犯下不敬之罪，撤除了封號，封國被廢。

太史公說：學者們大多認爲世界上沒有鬼神，卻認爲有精靈、神怪的存在。像留侯見到的送給他兵書的老翁，也可以說是一件奇怪的事情。高祖曾經多次陷入困境，而留侯總是能解救高祖，這難道不是天意的安排嗎？皇上說：『論在帷帳中出謀劃策，使千里之外獲得勝利，我比不上張良。』我以爲張良應該是個身材高大雄偉的人，等到看到他的畫像的時候，才發現他的樣貌如同美女一般。大概如同孔子所說：『按照樣貌來評判人，就會對子羽有錯誤的認識。』這句話對留侯張良也同樣適用。

賞析

本篇圍繞張良一生的經歷，描述了他在複雜的政治鬥爭和尖銳的軍事鬥爭中的超群才幹，以及他在功成名就之後不爭權求利的出世思想和行爲，生動地刻畫了張良的爲人及其性格特徵，使這一歷史人物活生生地展現在我們面前。

青年時代的張良是一個血氣方剛的豪俠人物，他不惜家財爲韓報仇，行刺秦始皇。但司馬遷又通過張良遇見圯上老人的情節，刻畫了張良的隱忍，這是早年張良性格的又一個側面。張良追隨劉邦以後，處處表現出了他的政治遠見和高超謀略，如設計擊敗秦軍，勸諫劉邦撤出秦宮，爭取黥布、彭越，籠絡韓信，進而滅楚等。劉邦稱帝後，他建議封賞與劉邦有宿怨的雍齒，從而安定了人心，加強了內部團結。他是劉邦智囊團中的核心人物，爲劉邦出了很多計策，劉邦對他言聽計從。劉邦對張良的評價『運籌策帷帳中，決勝千里外』，成了對古今高明軍師的共同贊語。

明哲保身是張良後半生性格的重要組成部分。張良深知兔死狗烹的道理，在群臣爭功的情況下，他『不敢當三萬戶』；劉邦對他的封賞，他極爲知足；他稱病閉門不出，行『道引』、『辟穀』之術；他揚言『願棄人間事，欲從赤松子游』，處處表現得急流勇退。因此，在漢初三傑中，韓信被殺，蕭何被囚，張良卻始終未傷毫毛。司馬遷通過上述情節，把張良刻畫成了一個城府極深、明哲保身的典型。

我們如果把張良和《淮陰侯列傳》中的韓信相比，就可看出司馬遷筆下劉邦的兩位大功臣形成了多麼巨大的反差。此外，司馬遷在本篇的寫實中夾雜了一些傳奇性的描寫，如張良『東見倉海君』、『得力士』，遇圯上老人授書，十三年後取穀城山下黃石祭祀，張良『學辟穀，道引輕身』、『欲從赤松子游』等，撲朔迷離，亦眞亦幻，爲本篇抹上了一層神秘的色彩。

集評 【索隱述贊】留侯倜儻，志懷憤惋。五代相韓，一朝歸漢。進履宜假，運籌神算。橫陽既立，申徒作扞。灞上扶危，固陵靜亂。人稱三傑，辯推八難。赤松原游，白駒難絆。嗟彼雄略，曾非魁岸。

老子韓非列傳

題解 《老子韓非列傳》選自《史記》卷六十三，列傳第三。這是一篇關於先秦道家和法家代表人物的重要傳記，是一篇合傳，記錄了道家的老子、莊子，法家的申不害、韓非子四個人的事迹，其中對申不害的記錄最爲簡短。

原文 老子者，楚苦縣厲鄉曲仁里人也，姓李氏，名耳，字聃，周守藏室之史也。

孔子適周，將問禮於老子。老子曰：『子所言者，其人與骨皆已朽矣，獨其言在耳。且君子得其時則駕，不得其時則蓬累而行。吾聞之，良賈深藏若虛，君子盛德容貌若愚。去子之驕氣與多欲，態色與淫志，是皆無益於子之身。吾所以告子，若是而已。』孔子去，謂弟子曰：『鳥，吾知其能飛；魚，吾知其能游；獸，吾知其能走。走者可以爲罔①，游者可以爲綸，飛者可以爲矰。至於龍，吾不能知其乘抱樸子云：『老子西游，遇關令尹喜於散關，爲喜著道德經一卷，謂之老子。』或以爲函谷關。

風雲而上天。吾今日見老子，其猶龍邪！』

老子脩道德，其學以自隱無名爲務。居周久之，見周之衰，乃遂去。至關，關令尹喜曰：『子將隱矣，強爲我著書。』於是老子乃著書上下篇，言道德之意五千餘言而去，莫知其所終。

注釋　①周：同『綢』。

譯文　老子是楚國的苦縣厲鄉曲仁里人。他姓李，名耳，字聃，是周朝負責國家藏書室的官員。

孔子到周的都城，想要向老子詢問一些關於『禮』的問題。老子對他說道：『您所說的這些，創製它的人和他的骸骨全都已經腐朽，唯獨他所留下來的言論依舊還能聽到。何況君子如

問禮老聃

魯昭公十年，孔子和南宮敬叔到周地問禮於老子。因爲老子曾做過周王朝的柱下史（管理藏書的史官），熟知周禮。

果趕上了時運就可以駕着車順應命令出仕做官，若是沒有趕上時運就應該像蓬蒿一樣隨風飄行。我聽到過這樣的說法，一個善於經商的人會把值錢的貨物隱藏起來，就像什麼東西都沒有那樣空虛，君子的人品和德行盛大高尚，但他的臉色和外貌卻像個愚人。摒棄您身上驕傲的神氣和諸多的欲望，摒棄不良的神態、臉色和過大的、不切實際的志向，這對您自身沒有任何益處。這些就是我所能對您說的所有話了。』孔子離開之後，對自己的學生說：『鳥兒，我知道它是善於飛翔的；魚兒，我知道它是善於游泳的；野獸，我知道它是善於奔跑的。擅長奔跑的野獸能用網捕捉到，擅長游泳的魚兒能夠用魚竿上的魚綫釣到，擅長飛翔的鳥能夠用羽箭射落。但說到龍這種動物，我就不了解了，據說它能夠乘着風、駕着雲飛上青天。我現在所看到的老子，他就像一條龍。』

老子研脩道德，他的學說把隱藏自身、不追求功名顯達作爲最重要的宗旨。他居住在周朝京城很長時間，看到周朝已經衰落，於是就離開了那裏。走到函谷關時，負責把守關口的官員尹喜對他說：『您就要隱居起來了，請勉強爲我寫本書留傳後人吧。』在這種情況下，老子於是就寫了一冊上、下篇的文章，主要是闡述道德的含義，共計五千餘字，之後便離開了，沒有人知道他最終去了哪裏。

此都結老子之教也。言無所造爲而自化，清淨不撓而民自歸正也。

原文 或曰：老萊子亦楚人也，著書十五篇，言道家之用，與孔子同時云。

蓋老子百有六十餘歲，或言二百餘歲，以其脩道而養壽也。

自孔子死之後百二十九年，而史記周太史儋見秦獻公曰：『始秦與周合，合五百歲而離，離七十歲而霸王者出焉。』或曰儋即老子，或曰非也，世莫知其然否。老子，隱君子也。

老子之子名宗，宗爲魏將，封於段干。宗子注，注子宮，宮玄孫假，假仕於漢孝文帝。而假之子解爲膠西王卬太傅，因家於齊焉。

世之學老子者則絀①儒學，儒學亦絀老子。『道不同不相爲謀』，豈謂是邪？李耳無爲自化，清靜自正。

注釋 ①絀：通『黜』，貶斥。

譯文 有人曾經說過，老萊子也是楚國人，他寫的文章有十五篇，主要講的是道家學問如何應用，據說他和孔子生活在同一時代。

老子大概活了一百六十多歲，也有人說他活了兩百多歲，這是由於他脩煉道德善於養身的結果。

從孔子去世算起，過了一百二十九年以後，有的史書上記載了周王室的太史儋在朝見秦獻公的時候說道：『開始的時候，秦國與周朝是合爲一體的，合了五百年以後就會分離，分離七十年之後就會有稱霸稱王的人出現。』有的人說這位太史儋就是老子，有的人則說他不是老子，世上沒有人知道這到底是真的還是假的。老子是一位名副其實的隱士啊。

老子的兒子名叫李宗，李宗是魏國的一位將領，他的封地在段干。李宗的兒子叫李注，李注的兒子叫李宮，李宮的玄孫名叫李假，李假做官輔佐漢朝的孝文皇帝。李假的兒子李解是

老子觀井

老子對水有很深的感悟，他認爲水性柔順，明能照物，滋養萬物而不與萬物相爭，有功於萬物而又甘心屈尊於萬物之下。正因爲這樣，有道德的人，效法水的柔性，溫良謙讓，廣泛施恩却不奢望報答。

膠西王劉卬的太傅，所以在原來齊國的土地上安了家。

世上的人凡是學習老子的學問的，都會貶黜儒家的思想學說；而學習儒家學問的人，也會貶黜老子的學說。『走的路不同，就不要在一起謀劃事情』，難道說的就是這樣的情形嗎？李耳的主張是無爲而治，百姓自然就會受到教化；清靜無爲，百姓自然就能走上正道。

原文 莊子者，蒙人也，名周。周嘗爲蒙漆園吏，與梁惠王、齊宣王同時。其學無所不窺，然其要本歸於老子之言。故著著書十餘萬言，大抵率寓言也。作《漁父》、《盜跖》、《胠篋》，以詆訿孔子之徒，以明老子之術。《畏累虛》、《亢桑子》之屬，皆空語無事實。然善屬書離辭，指事類情，用剽剝儒、墨，雖當世宿學不能自解免也。其言洸洋自恣以適己，故自王公大人不能器之。

楚威王聞莊周賢，使使厚幣迎之，許以爲相。莊周笑謂楚使者曰：『千金，重利；卿相，尊位也。子獨不見郊祭之犧牛乎？養食之

莊子

數歲，衣以文繡，以入大[1]廟。當是之時，雖欲爲孤豚，豈可得乎？子亟去，無污我。我寧游戲污瀆之中自快，無爲有國者所羈，終身不仕，以快吾志焉。』

注釋 ①大：同『太』。

譯文 莊子是蒙地的人，名叫莊周。他曾經當過蒙地的漆園吏，跟梁惠王、齊宣王生活在同一個時代。他的學說研究的範圍很廣，沒有什麼是沒有研究到的，但是他的學說中最重要的根本觀點卻可以歸結爲老子的學說。因此他寫了十幾萬字的文章，大部分都是寓言一類的體裁。他寫了《漁父》、《盜跖》、《胠篋》這些文章，目的是詆毀孔子這一派的傳人，來宣揚老子的學說。《畏累虛》、《亢桑子》這一類的文章，都是憑空虛

構，沒有事實作爲依據。但是他擅長寫文章，措辭也很有水平，以類比的手法來描摹事物的情狀，用這些來批判駁斥儒、墨兩家的學說，就算是當世的博學多才之士也沒有辦法避免遭受他的攻擊。他的文章風格汪洋浩渺，縱橫馳騁，都是隨心率性之言，因此從那些掌權的王公大人以下，都不願意把他當成寶器而重用他。

楚威王聽說莊周是個賢能的人，於是派遣使者帶着豐厚的禮物去迎請他，許諾要任命他做楚國的國相。莊周笑着對楚國的使臣說道：『千金的確是豐厚的禮物，卿相也確實是尊貴的權位。可是，您難道沒有看見那些用來做郊祀祭祖的犧牲的牛嗎？它們被喂養幾年的食物以後，身上就會披上綉着精美紋飾的彩緞，被趕進太廟之中。在這樣的時刻，它就算衹想做一隻孤獨的小豬，難道能夠實現這個願望嗎？您趕緊離開吧，不要讓我受到污染。我寧可在污濁水溝中嬉戲玩耍，享受自己能夠得到的快樂，也不願意受那些擁有國家的人的管束，一輩子都不出來當官，這樣才能讓我的心情感到愉快。』

原文 **申不害者，京人也，故鄭之賤臣。學術以干韓昭侯，昭侯用爲相。內脩政教，外應諸侯，十五年。終申子之身，國治兵強，無侵韓者。**

申子之學本於黃老而主刑名。著書二篇，號曰《申子》。

譯文 申不害家鄉在京邑，他原本衹是鄭國的一個低級小吏。學了刑名法律之後他拜會韓昭侯，韓昭侯任命他做了韓國的國相。他當政期間，在國家內部脩整政令教化之事，對外妥善處理韓國與各國諸侯之間的關係，共計有十五年的時間。一直到申子去世的時候，國家治理得很好，軍事實力也非常強大，沒有侵犯韓國的諸侯。

申子的學問主要來源於黃帝、老子，但主要是研究刑名法術的學問。他的著作有兩篇，叫作《申子》。

原文 **韓非者，韓之諸公子也。喜刑名法術之學，而其歸本於黃老。非爲人口吃，不能道說，而善著書。與李斯俱事荀卿，斯自以爲不如非。**

非見韓之削弱，數以書諫韓王，韓王不能用。於是韓非疾治國不

阮孝緒七略云：『韓子二十卷。』韓世家云：『王安五年，非使秦。九年，虜王安，韓遂亡。』

務脩明其法制，執勢以御其臣下，富國強兵而以求人任賢，反舉浮淫之蠹而加之於功實之上。以爲儒者用文亂法，而俠者以武犯禁。寬則寵名譽之人，急則用介冑之士。今者所養非所用，所用非所養。悲廉直不容於邪枉之臣，觀往者得失之變，故作《孤憤》、《五蠹》、《內外儲》、《說林》、《說難》十餘萬言。

然韓非知說之難，爲《說難》書甚具①，終死於秦，不能自脫。

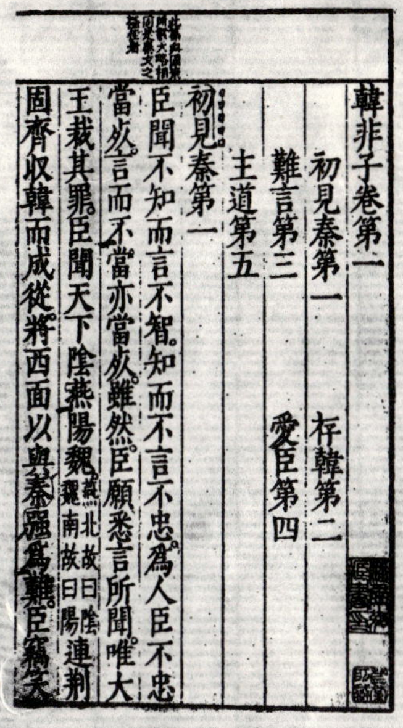
韓非子卷第一
初見秦第一　存韓第二
難言第三　愛臣第四
主道第五
初見秦第一
臣聞不知而言不智知而不言不忠爲人臣不忠
當死言而不當亦當死雖然臣願悉言所聞唯大
王裁其罪臣聞天下陰燕陽魏燕北故曰陰魏南故曰陽連荆
固齊收韓而成從將西面以與秦強爲難臣竊笑

《韓非子》書影

注釋 ①具：通「俱」，完全、周詳。

譯文 韓非是韓國公室貴族的公子。他喜好研究刑名法術方面的學問，他的學問的核心來源可以歸結到黃帝、老子那裏。韓非有口吃的毛病，不是那種能說會道的人，但他善於著書立說。他跟李斯都拜荀卿爲師，李斯自認爲在學問方面比不上韓非。

韓非眼看韓國的國勢日漸衰落，曾多次上書勸諫韓王，可是韓王卻沒有采納他的意見。在這種情形下，韓非痛恨君主在治理國家的時候不去努力地脩整、明確法律制度，不能用手中掌握的權力去駕馭、統率他的臣子，不能使國家變得富有，不能使軍事力量變得強大，也不能做到衹任用那些賢德的人才做官，相反，國君衹是提拔任用那些輕浮、誇誇其談，就像蛀蟲一樣的小人，這些人的官位居然在那些有大功、肯實幹的人之上。韓非認爲儒生利用他們所寫的一些文章辭句來干擾法制的正常運行，而那些自命俠義的武人則使用武力觸犯國家的禁令。國君在政治局勢寬鬆、天下太平的時候就寵幸那些空有虛名、衹會浮誇的人，到了緊急的情況下就重用那些渾身穿着鎧甲的勇士。現在，國君所供養的那些人都派不上什麼大用場，堪當重用的人卻沒有得到供養。韓非對那些清廉、方正的人士不被那些奸佞邪祟的大臣所容納的遭遇非常同情，於是他觀察以往成敗得失的變化，從中得到了啓發，因此創作出了《孤憤》、《五蠹》、《內外儲》、《說林》、《說難》等十幾萬字的文章。

人主先得其計己功，說者知前發其踪迹，身必危亡。

凡說難識情理，不當人主之心，恐犯逆鱗。說之難知，故言非吾知之有以說之乃爲難。

但是韓非知道游說有多麼困難，他所寫的《說難》對此有十分具體的論述，韓非最終死在了秦國，沒有能讓自己擺脫游說帶來的災難。

原文《說難》曰：

凡說之難，非吾知之有以說之難也；又非吾辯之難能明吾意之難也；又非吾敢橫失①能盡之難也。凡說之難，在知所說之心，可以吾說當之。

所說出於爲名高者也，而說之以厚利，則見下節而遇卑賤，必棄遠矣。所說出於厚利者也，而說之以名高，則見無心而遠事情，必不收矣。所說實爲厚利而顯爲名高者也，而說之以名高，則陽收其身而實疏之；若說之以厚利，則陰用其言而顯棄其身。此之不可不知也。

夫事以密成，語以泄敗。未必其身泄之也，而語及其所匿之事，如是者身危。貴人有過端，而說者明言善議以推其惡者，則身危。周澤未渥也而語極知，說行而有功則德亡②，說不行而有敗則見疑，如是者身危。夫貴人得計而欲自以爲功，說者與知焉，則身危。彼顯有所出事，乃自以爲也故，說者與知焉，則身危。強之以其所必不爲，止之以其所不能已者，身危。故曰：與之論大人，則以爲間己；與之論細人，則以爲粥權。論其所愛，則以爲借資；論其所憎，則以爲嘗己。徑省其辭，則不知而屈之；泛濫博文，則多而久之。順事陳意，則曰怯懦而不盡；慮事廣肆③，則曰草野而倨侮。此說之難，不可不知也。

凡說之務，在知飾所說之所敬，而滅其所醜。彼自知其計，則毋以其失窮之；自勇其斷，則毋以其敵怒之；自多其力，則毋以其難概之。規異事與同計，譽異人與同行者，則以飾之無傷也。有與同失者，則明飾其無失也。大忠無所拂悟④，辭言無所擊排，乃後申⑤其辯知焉。

夫知盡之難，則君臣道合，故得曠日彌久。而周澤既渥，深計而君不疑，與君交爭而不罪，而得明計國之利害以致其功，直指是非，任爵祿於身，以此君臣相執持，此說之成也。

此所以親近不疑，知盡之難也。得曠日彌久，而周澤既渥，深計而不疑，交爭而不罪，乃明計利害以致其功，直指是非以飾其身，以此相持，此說之成也。

伊尹爲庖，百里奚爲虜，皆所由干其上也。故此二子者，皆聖人也，猶不能無役身而涉世如此其汙也，則非能仕之所設也。

注釋 ①橫失：縱橫奔放，無所顧忌。失，通「佚」。②亡：通「忘」，忘記。③廣肆：謂謀慮遠而放縱無所收束。廣，通「曠」，遠。④悟：通「悟」。⑤申：同「伸」，舒展，伸直，引申爲施展。

譯文《說難》中寫道：

但凡是游說的困難，并不是說我所擁有的智慧在說服對方的時候有難度，也不是說我分辨解析事理的能力在表明我的眞實意圖的時候有困難，也不是說我不敢無所顧忌地把自己所知道的事理全部說出來。但凡游說，它的困難在於能夠明白自己游說的對象內心的眞實想法，可以拿我的說辭來滿足他的心願。

自己所游說對象的目的是要追求名聲高尚，但卻用豐厚的財利去游說，就會被對方把自己看成一個志向和氣節低下的人，進而遭受卑微低賤的待遇，那麼一定會被拋棄得遠遠的。假如被游說對象的目的是要追求豐厚的財利，可是你卻用名聲高尚來游說他，對方會認爲你是個沒有心機的人，做事情脫離實際的情理，也一定不會接受你的意見。被游說對象的眞實想法是追求豐厚的財利但在表面上卻裝出一副追求高尚名聲的樣子，這時如果以名聲高尚來游說他，那麼對方衹會在表面上收用你但實際上卻在內心疏遠你；假如你以豐厚的財利來游說對方，那麼對方會在暗地裏采用你的建議但在表面把你拋棄。這些都是不能不懂得的道理。

事情往往是因爲事先保密而最後成功的，也往往是因爲秘密泄露而失敗的。也不一定是游說的人自己故意泄露秘密的，而是因爲在無意之間談到了涉及君主的隱私，類似這樣的游說者就容易威脅到自己的生命安全。國君犯了過錯，可是游說的人非要明明白白地陳述、盡善盡美地議論來推導出他的過錯有多麼嚴重，這種行爲也容易危及游說者的生命。君主賞賜給游說者的恩澤還達不到豐厚的程度，而游說者就把自己所知道的事情全都說了出來，如果游說者提出的建議被采納施行，并且獲得了功效，那麼君主就會忘掉他的功德；如果游說者的主張沒有被采納施行，并且最終歸於失敗，那麼游說的人就會受到君主的懷疑，類似這樣的情況出現，游說者的身家性命就有危險了。君主自以爲自己的計策很成功，想把它當作自己一個人的功勞，游說者與君主所想相同而且預先告訴了君主，就會危及自身性命。君主表面上做着一件事情，但實際上卻是爲了另一個目的的緣故，游說的人事先知道了這個秘密并且參與進來，生命就會受到威脅。勉強君主去做他肯定不願意做的事情，竭力制止君主肯定不會罷手的事情，游說的人都會有性命之憂。因此說：與君主議論其他的貴族和大臣，就會被君主看作是在離間自己和臣下的關係；與君主討論其他處於貧窮、低賤地位的小人物，就會被君主看作是在賣弄自己的權勢；議論君主愛惜寵幸的人，會被君主看作是攀附靠山；議論君主厭惡憎恨的人，就會被君主看作游說者對他的試探。游說的言辭過於直接和省略，就會被當作一個不明智的人被斥退；言辭華麗、滔滔不絕，沒完沒了，會被當作是繁冗無實而長久地擱置起來。根據事情的實際情況來陳述，有人會說那是膽小怯懦、不敢暢所欲言的表現；思考事情的範圍過於寬泛恣肆，有人會說那是土氣、粗野、倨傲、輕慢的表現。這都是游說君主的困難之處，不能不事先有所了解。

游說君主最要緊的地方，在於懂得去美化他所推崇、敬重的事物，遮掩他覺得是恥辱的事情。如果君主自以爲自己的計策很有智慧，那就別再把他失誤的地方拿出令他覺得窘迫；如果君主認爲自己的武斷決定是勇猛、果敢的表現，那就不要用令他產生敵意的話語激怒他；如果君主炫耀自己力大無窮，那就別找什麼令他覺得困難的事情來爲難他。要爲君主謀劃另外的事情，但要正好與君主所想的相同，贊譽別人的品行，但要正好與君主的品行相同，用言辭來美化那件事、那個人，不能對其進行中傷和毀謗。如果有的人具有和君主相同的過失，那麼就要表面美化那個人，說他身上沒有過錯。等到游說者的忠心不會再讓君主感到忤逆、反感，言辭也不會遭到打擊和排斥，這之後就可以無拘無束地，盡情施展自己的辯才和智慧了。這裏說的就是讓游說者得到君主的親近和信任，不讓自己受到懷疑，智慧得到盡情施展的困難。能夠歷時非常久遠，而且得到的恩澤非常優厚，游說者的深遠的計謀不會受到懷疑，與君主爭論交鋒卻不會受到怪罪，那麼他就能夠公開地與君主討論利害得失成就功業，直接指出君主的對和錯，以此令其糾正過錯。用這樣的方法來輔佐君主，這就可以說是游說成功了。

其子鄰父說皆當矣，而切見疑，非處知則難乎！

說者能不犯人主逆鱗，則庶幾矣。

伊尹曾經當過廚師，百里奚曾經做過俘虜，都是因此得到與君主相見的機會而獲得的信任。因此這兩個人，都可以說是聖人，他們尚且不得不奴役自身，經歷如此污濁的世事，那麼這也就不算是賢能人士覺得恥辱的事情了。

原文　宋有富人，天雨牆壞。其子曰『不築且有盜』，其鄰人之父亦云，暮而果大亡其財，其家甚知其子而疑鄰人之父。昔者鄭武公欲伐胡，乃以其子妻之。因問群臣曰：『吾欲用兵，誰可伐者？』關其思曰：『胡可伐。』乃戮關其思，曰：『胡，兄弟之國也，子言伐之，何也？』胡君聞之，以鄭爲親己而不備鄭。鄭人襲胡，取之。此二說者，其知皆當矣，然而甚者爲戮，薄者見疑。非知之難也，處知則難矣。

昔者彌子瑕見愛於衛君。衛國之法，竊駕君車者罪至刖。既而彌子之母病，人聞，往夜告之，彌子矯駕君車而出。君聞之而賢之曰：『孝哉，爲母之故而犯刖罪！』與君游果園，彌子食桃而甘，不盡而奉君。君曰：『愛我哉，忘其口而念我！』及彌子色衰而愛弛，得罪於君。君曰：『是嘗矯駕吾車，又嘗食我以其餘桃。』故彌子之行未變於初也，前見賢而後獲罪者，愛憎之至變也。故有愛於主，則知當而加親；見憎於主，則罪當而加疏。故諫說之士不可不察愛憎之主而後說之矣。

夫龍之爲蟲也，可擾狎而騎也。然其喉下有逆鱗徑尺，人有嬰之，則必殺人。人主亦有逆鱗，說之者能無嬰人主之逆鱗，則幾矣。

譯文　宋國有戶生活富裕的人家，因爲天上下雨沖壞了牆壁。他們家的兒子說『不把牆脩築好就會有盜賊出現』。他們家的鄰居的父親也是這麼說的。到了夜裏，果然丟失了大量財物，這家人都認爲兒子非常聰明，但卻懷疑鄰居的父親是小偷。昔日，鄭武公想要討伐胡國，但又讓他的女兒給胡國的國君做了妻子。於是問衆位大臣說：『我想發動戰爭，哪個國家是可以討伐的對象？』有位名叫關其思的大夫說道：『胡國可以討伐。』鄭武公於是殺死了關其思，并且對外宣稱：『胡國跟我們國家的關係就像兄弟一樣，你説要討伐胡國，這是爲了什麼？』胡國的國君聽了這件事之後，以爲鄭武公是眞的親近自己的國家而不再防備鄭國。結果鄭國人偷襲，占領了胡國的土地。這兩件事情中發生時的游説者是鄰人的父親和關其思，他們通過才智做出的判斷都是正確的，可是後果嚴重的遭到了誅殺，輕的也受到了懷疑。這説明不是明白事理有多困難，而是怎樣處理已經知曉的事理才是困難。

昔日，彌子瑕受到衛國國君的寵愛。按照衛國的法律，偷偷地駕駛國君的馬車的罪過可以砍掉罪犯的脚。沒過多久彌子瑕的母親生了病，有人聽到了這個消息，在夜裏就到彌子瑕那裏告訴了他，彌子瑕謊稱是衛君的命令，駕着衛君的馬車出了王宫。衛君聽到這件事後認爲他很賢德，説道：『眞是孝順啊，因爲探望母親的緣故甘願犯下砍脚的罪行！』跟衛君一起游覽果園，彌子瑕吃桃子覺得甘甜可口，於是沒有吃光，轉而送給了衛君。衛君説：『眞是愛護我啊，忘了他的嘴卻衹是想着我！』到了彌子瑕姿容衰老時，國君對他的寵愛也疏遠了，在得罪衛君之後，衛君説道：『他曾經假借君主的命令駕駛我的馬車，還讓我吃他吃剩下的桃子。』因此，儘管彌子瑕的品行與當初相比并沒有變化，可之前被認爲是賢德，之後卻受到怪罪，主要是由於衛君喜好、憎惡的感情産生了最大的變化。所以獲得君主寵愛時，就會被當作聰明能幹而備受親近；受到君主厭惡的時候，就會受到怪罪而與君主的關係變得更加疏遠。因此進諫游説的人們不能不仔細體察君主的好惡愛憎，然後再進行游説。

龍是一種蟲，它可以被馴服，也可以與它嬉戲，而且還能乘坐。但是它喉部下方有逆鱗一尺多長，人如果伸手觸碰，龍就肯定要殺人。國君也長着逆鱗，游説的人能夠做到不觸碰國君逆鱗的，幾乎可以説是善於游説的人了。

原文 人或傳其書至秦。秦王見《孤憤》、《五蠹》之書，曰：『嗟乎，寡人得見此人與之游，死不恨矣！』李斯曰：『此韓非之所著書也。』秦因急攻韓。韓王始不用非，及急，乃遣非使秦。秦王悦之，未信用。李斯、姚賈害之，毁之曰：『韓非，韓之諸公子也。今王欲并諸侯，非終爲韓不爲秦，此人之情也。今王不用，久留而歸之，此自遺患也，不如以過法誅之。』秦王以爲然，下吏治非。李斯使人遺

戰國策曰：『秦王封姚賈千户，以爲上卿。韓非短之曰：「賈，梁監門子，盜於梁，臣於趙而逐。取世監門子梁大盜趙逐臣與同社稷之計，非所以勵群臣也。」王召賈問之，賈答云云，乃誅韓非也。』

非藥，使自殺。韓非欲自陳，不得見。秦王后悔之，使人赦之，非已死矣。

申子、韓子皆著書，傳於後世，學者多有。余獨悲韓子爲《說難》而不能自脫耳。

【譯文】有人把韓非的著作帶到了秦國。秦王看了《孤憤》、《五蠹》這樣的文章之後，說道：『哎呀，寡人如果能夠見到寫書的這個人并且和他交游往來，那麼死了也沒什麼遺憾的了！』李斯對秦王說：『這是韓非所寫的著作。』秦王於是派兵緊急地攻打韓國。韓王開始的時候不能重用韓非，等到情況變得緊急，才命韓非作爲使者到秦國去。秦王見到韓非之後非常高興，可是卻不信任重用他。李斯、姚賈因爲忌妒而陷害韓非，毀謗他說：『韓非這個人，是韓國公室的公子。現在大王您想着吞并各個諸侯，韓非最終祇會爲韓國效力，卻不會爲秦國效力，這是人們常有的感情。現在大王不想重用他，雖然可以長久地把他留在秦國，但最終還是要把他放回韓國，這是自己給自己留下隱患，不如找個過錯把他殺了。』秦王覺得有道理，命令掌管刑獄的官員治韓非的罪。李斯讓人給韓非送去毒藥，令他自殺。韓非想要自己向秦王陳述，卻見不到秦王。秦王後來後悔了，趕緊派人去赦免韓非的罪行，可是韓非已經服毒而死了。

申子、韓非子都寫了書，這些書也流傳到了後代，學者大都藏有他們的著作。我祇是悲嘆韓非寫了《說難》這樣的文章，但他自己卻不能擺脫游說給他帶來的厄運。

【原文】太史公曰：老子所貴道，虛無，因應變化於無爲，故著書辭稱微妙難識。莊子散道德，放論，要亦歸之自然。申子卑卑，施之於名實。韓子引繩墨，切事情，明是非，其極慘礉少恩。皆原於道德之意，而老子深遠矣。

【譯文】太史公說：老子最看重的是道，道是一種空虛縹緲的東西，主張以無爲來順應自然的變化，因此他所寫的書籍措辭微妙，難以理解。莊子四處宣傳道德，盡情地張揚自己的言論，他的學說的要義也是要歸結爲自然無爲的道理。申子勤奮不息，把自己的學說和主張實施於刑名之學中。韓非子把法度作爲規範行爲的繩墨，決斷事情，明析對錯，它的極致就是冷酷刻薄，絕少施以恩德。他們的學說都是源自道德的義理，因此老子的思想可以説是非常深遠了。

賞析 司馬遷將老莊申韓合爲一傳，代表了漢人對道家與法家關係的重要看法。漢人直承晚周，認爲老子之言『君人南面之術』，而莊子祖述老子。韓非子《解老》、《喻老》也從法家角度言『道德』之意。司馬遷作四人合傳，在當時來說，確實是一篇很有氣魄的雄文。然而，今天看來，司馬遷如此處理，也不盡妥當。老子書以無爲而有爲，多言有無之辯，『無爲』是老子思想的核心。莊子的思想體系雖本歸於老子之言，但主要是進一步的發展，特別是莊子本人純是無爲。申子的『術』，是一整套控馭臣下的統治術。韓非子的『法』，是在申子『術』的基礎上，提出以『法』爲中心的『法、術、勢』三合一的統治術。

四人的學說雖有聯繫，但主要是不同。老、莊皆爲隱君子。隱君子是對現實采取不合作態度，雖不是有力的反抗，卻是強烈的不滿。申、韓則殘酷少恩，而韓非子尤甚。韓非子書不脛而走，爲秦王所贊賞，原因無他，『兼并者高詐術』也。韓非子死於秦獄，司馬遷於傳後錄《說難》全文，可見痛惜之意。韓非子善爲文，思維嚴密，邏輯性強，論證有力，且語言犀利，鋭不可當。這一點從《說難》中就可以看出。

集評 【索隱述贊】伯陽立教，清淨無爲。道尊東魯，迹竄西垂。莊蒙栩栩，申害卑卑。刑名有術，《說難》極知。悲彼周防，終亡李斯。

官名也。魏已置之，非自秦也。周禮夏官謂之『諸子』，禮記文王世子謂之『庶子』，掌公族也。景姓，楚之族也。

商君列傳

題解　《商君列傳》選自《史記》卷六十八，列傳第八。這篇列傳主要記述了商鞅事秦變法革新的事迹，并記録了商鞅的功過得失以及卒受惡名於秦的史實，反映了司馬遷對其刻薄少恩所持的批評態度。

原文　商君者，衛之諸庶孽公子也，名鞅，姓公孫氏，其祖本姬姓也。鞅少好刑①名之學，事魏相公叔座爲中庶子。公叔座知其賢，未及進。會座病，魏惠王親往問病，曰：『公叔病有如不可諱，將柰社稷何？』公叔曰：『座之中庶子公孫鞅，年雖少，有奇才，原王舉國而聽之。』王嘿②然。王且去，座屏人言曰：『王即不聽用鞅，必殺之，無令出境。』王許諾而去。公叔座召鞅謝曰：『今者王問可以爲相者，我言若，王色不許我。我方先君後臣，因謂王即弗用鞅，當殺之。王許我。汝可疾去矣，且見禽③。』鞅曰：『彼王不能用君之言任臣，又安能用君之言殺臣乎？』卒不去。惠王既去，而謂左右曰：『公叔病甚，悲乎，欲令寡人以國聽公孫鞅也，豈不悖哉！』

公叔既死，公孫鞅聞秦孝公下令國中求賢者，將脩繆④公之業，東復侵地，乃遂西入秦，因孝公寵臣景監以求見孝公。孝公既見衛鞅，語事良久，孝公時時睡，弗聽。罷而孝公怒景監曰：『子之客妄人耳，安足用邪！』景監以讓衛鞅。衛鞅曰：『吾說公以帝道，其志不開悟矣。』後五日，復求見鞅。鞅復見孝公，益愈，然而未中旨。罷而孝公復讓景監，景監亦讓鞅。鞅曰：『吾說公以王道而未入也。請復見鞅。』鞅復見孝公，孝公善之而未用也。罷而去。孝公謂景監曰：『汝客善，可與語矣。』鞅曰：『吾說公以霸道，其意欲用之矣。誠復見我，我知之矣。』衛鞅復見孝公。公與語，不自知膝之前於席也。語數日不厭。景監曰：『子何以中吾君？吾君之驩甚也。』鞅曰：『吾說君以帝王之道比三代，而君曰：「久遠，吾不能待。且賢君者，各及其身顯名天下，安能邑邑待數十百年以成帝王乎？」故吾以強國之術說君，君大說之耳。然亦難以比德於殷周矣。』

注釋 ①刑：通『形』。指形體或事實。②嘿：同『默』。③禽：同『擒』，拘捕，捕捉。④繆：通『穆』。

譯文 商鞅，是衛國公室的庶出公子，名字叫作鞅，姓公孫，他的祖先原本姓姬。公孫鞅年少時喜好刑名法術之學，侍奉魏國相國公叔座，擔任中庶子。公叔座知道他很有才幹，還沒來得及向魏王推薦。正巧遇上公叔座病重，魏惠王親自來探望他，說：『您得病，倘若有個三長兩短，國家將怎麼辦呢？』公叔座回答說：『我的中庶子公孫鞅，年紀雖然不大，卻身懷奇才，希望大王能把全部國政都交付給他，讓他去治理。』魏惠王聽了以後沉默無語。當魏惠王打算離去時，公叔座屏退兩旁的隨侍人員，說：『大王如果不起用公孫鞅，就一定要殺掉他，不能讓他走出國境。』魏王一口應承之後就離去了。公叔座召來公孫鞅，對他說：『今日大王詢問可以擔任相國的人選，我推薦了你。看大王的神

情知道他不同意我的意見。我應當先忠於國君，然後才考慮臣下的立場，便對大王說，如果不任用公孫鞅，就應該殺掉他。大王答應了我的請求。你應該趕緊離開了，否則的話，馬上就要被逮捕了。』公孫鞅說：『大王既然不采納您的話任用我，又怎麼會采納您的話來殺我呢？』結果沒有離開魏國。魏惠王離開後，對身邊的人說：『公叔座病得很嚴重，真讓人悲傷啊，他想要我把國政全部交付給公孫鞅掌管，這豈不是很糊塗？』

公叔座死後不久，公孫鞅聽說秦孝公在國中下令尋求有才能的人，準備重建秦繆公時代的霸業，向東要收復被魏國侵占的土地，他就西行進入秦國，通過秦孝公的寵臣景監求見孝公。秦孝公召見衛鞅後，聽他說了很長時間的政事，孝公一邊聽一邊打瞌睡，一點也沒有聽進去。談完後秦孝公遷怒景監說：『你的那位客人衹是一個無知狂妄的人而已，這種人哪裏配被任用！』景監又用秦孝公的話責備衛鞅。衛鞅說：『我用堯、舜等五帝的治國之道勸說大王，他的心志不能領會啊。』過了五天之後，景監又向秦孝公請求召見衛鞅。衛鞅再次進見孝公，所說的治國之道比前一次更多，然而還是不合秦孝公的心意。談完後秦孝公又責備景監，景監也責備衛鞅。衛鞅說：『我用夏、商、周三王的治國之

道勸說大王，但他聽不進去。請求他再次召見我。」衛鞅再一次進見秦孝公，孝公對衛鞅很友好，可是沒有任用他。談完後衛鞅離去了，孝公對景監說：「你的那位客人不錯，我可以和他交談了。」景監告訴衛鞅，衛鞅說：「我用春秋五霸的治國方法去勸說大王，看他的心思是準備采納了。如果再召見我，我就知道該說些什麼了。」於是衛鞅果然再次見到了秦孝公，孝公與他談得非常投機，膝蓋不知不覺地在墊席上往前挪動，談了好幾天也沒有滿足。景監對衛鞅說：「您憑借什麼合上大王的心意？我們國君非常高興。」衛鞅回答說：「我用帝王之道建立夏、商、周那樣的盛世來勸說國君，可是大王說：「時間太長了，我無法等待，況且賢能的君主，誰不希望自己在位的時候就能名揚天下，哪裏能默默無聞地等上幾十年、幾百年來成就帝王大業呢？」所以，我就用強國之術來勸說他，他才大爲高興。但是，這樣就難以與殷、周的德治相媲美了。」

言救弊爲政之術，所爲苟可以強國，則不必要須法於故事也。

言賢智之人作法更禮，而愚不肖者不明變通，而輒拘制不使之行，斯亦信然矣。

原文　孝公既用衛鞅，鞅欲變法，恐天下議己。衛鞅曰：「疑行無名，疑事無功。且夫有高人之行者，固見非於世；有獨知之慮者，必見敖①於民。愚者暗於成事，知者見於未萌。民不可與慮始而可與樂成。論至德者不和於俗，成大功者不謀於眾。是以聖人苟可以強國，不法其故；苟可以利民，不循其禮。」孝公曰：「善。」甘龍曰：「不然。聖人不易民而教，知者不變法而治。因民而教，不勞而成功；緣法而治者，吏習而民安之。」衛鞅曰：「龍之所言，世俗之言也。常人安於故俗，學者溺於所聞。以此兩者居官守法可也，非所與論於法之外也。三代不同禮而王，五伯不同法而霸。智者作法，愚者制焉；賢者更禮，不肖者拘焉。」杜摯曰：「利不百，不變法；功不十，不易器。法古無過，循禮無邪。」衛鞅曰：「治世不一道，便國不法古。故湯武不循古而王，夏殷不易禮而亡。反古者不可非，而循禮者不足多。」孝公曰：「善。」以衛鞅爲左庶長，卒定變法之令。

令民爲什伍，而相牧司連坐。不告奸者腰斬，告奸者與斬敵首同賞，匿奸者與降敵同罰。民有二男以上不分異者，倍其賦。有軍功者，

商鞅立木爲信

各以率受上爵；爲私鬥者，各以輕重被刑大小。僇力本業，耕織致粟帛多者復其身。事末利及怠而貧者，舉以爲收孥。宗室非有軍功論，不得爲屬籍。明尊卑爵秩等級，各以差次名田宅，臣妾衣服以家次。有功者顯榮，無功者雖富無所芬華。

令既具，未布，恐民之不信，已乃立三丈之木於國都市南門，募民有能徙置北門者予十金。民怪之，莫敢徙。復曰『能徙者予五十金』。有一人徙之，輒予五十金，以明不欺。卒下令。

注釋　①敖：通『謷』，嘲笑。

譯文　秦孝公任用衛鞅後不久，衛鞅打算變更法度，但秦孝公擔心天下人非議自己。衛鞅說：『行動猶豫不決就不會成名，辦事猶豫不決就不會成功。況且那些有過人舉動的人，本來就常被世俗非議；有獨道見解謀劃者，必定會被普通人譏諷。愚蠢的人對已經完成的事都感到困惑，聰明的人可以預見沒有發生的事情。不能與百姓謀劃新事物的創始，但可以同他們一起享受成功的歡樂。探討最高道德的人不附和世俗，成就偉大功業的人不與一般人共謀。因此，聖人如果能夠使國家強盛，就不必沿襲舊的成法；如果能夠使百姓獲利，就不必遵循舊的禮制。』秦孝公說：『講得好。』甘龍說：『不對。聖人不改變民俗而施以教化，聰明的人不改變成法而把國家治理好。依照民俗進行施教，不費力氣就會成功；根據成法治理國家，就能使官吏習慣而百姓安定。』衛鞅說：『甘龍所說的言論，是凡夫俗子的說法。常人安於舊有的習俗，學者局限於書本上的見聞。任用這兩種人爲官，奉公守法還是可以的，但不能與他們談論成法以外的變革。三代的禮制不同而都能夠使天下統一，五伯的法制不同而都能各自稱霸一方。聰明的人制定法度，愚蠢的人受到法度的制約；賢能的人更改禮制，無能的人拘泥於舊有的禮制。』杜摯說：『不能達到百倍的利益，就無法改變成法；沒有起到十倍的功效，就不能更換器具。效仿成法不會產生過失，遵循舊禮不會帶來偏差。』衛鞅說：『治理國家的方法不是一成不變的，對國家有利的就不必仿效舊的法度。所以商湯、周武不沿襲舊的法度而締造王業，夏桀、商紂不更改舊的禮制而亡國。違反舊的法度的人不可以非難，而沿襲舊禮的人不值得贊揚。』秦孝公說：『講得好。』於是任命衛鞅爲左庶長，終於制定了變更成法的命令。

下令把百姓十家編成一個什，五家編成一個伍，讓他們互相監督檢舉，實行連坐，一家犯法，十家連帶治罪。不告發奸惡者處以腰斬，告發奸惡者給予與斬獲敵人首級相同的賞賜，藏匿奸惡者給予與投降敵人相同的懲罰。一家中有兩個以上成年男子而不分立門戶的，賦稅加倍。有軍功的人，按規定接受更高的爵位；因爲私事鬥毆的，根據情節的輕重分別受到大小不同的刑罰。努力進行農業生產，讓糧食豐收、布帛增產的免除自身的勞役或賦稅。從事工商業及因爲懶惰而貧窮的，把他們及其妻子全都沒收爲官府的奴婢。王族宗師中沒有軍功的，不得記入宗室名冊。明確尊貴、卑賤的爵位等級，按各等級的差別占有土地、住宅，家臣奴婢的數量、衣着服飾，也按各家爵位等級秩序享用。有軍功的顯赫榮耀，沒有軍功的儘管非常富有也沒有能夠炫耀的地方。

新法已經準備就緒，但還沒公布，擔心百姓不相信，於是在都城後邊市場的南門豎起一根三丈長的木頭，招募能夠把木頭搬到北門的百姓，賞賜十金。百姓認爲這件事非常怪異，沒人敢行動。於是再次宣布說：『能把木頭搬到北門的人賞賜五十金。』有一個人搬走了木頭，立即就給了他五十金，借此表明令出必行，沒有欺詐。事後就頒布了新的法令。

原文 令行於民期年，秦民之國都言初令之不便者以千數。於是太子犯法。衛鞅曰：『法之不行，自上犯之。』將法太子。太子，君嗣也，不可施刑，刑其傅公子虔，黥其師公孫賈。明日，秦人皆趨令。行之十年，秦民大說，道不拾遺，山無盜賊，家給人足。民勇於公戰，怯於私鬥，鄉邑大治。秦民初言令不便者有來言令便者，衛鞅曰『此皆亂化之民也』，盡遷之於邊城。其後民莫敢議令。

於是以鞅爲大良造。將兵圍魏安邑，降之。居三年，作爲築冀闕宮庭於咸陽，秦自雍徙都之。而令民父子兄弟同室內息者爲禁。而集

謂鞅新變之法令爲『初令』。

即大上造也，秦之第十六爵名也。今云『良造』者，或後變其名耳。

孫臏

孫臏，戰國時兵家。齊國阿（今屬山東）人，孫武後代。曾與龐涓同學兵法，後龐涓成魏國大將，妒忌他的才能，把他騙到魏國，處以臏刑（挖去膝蓋骨），所以叫孫臏。後擔任齊威王的軍師，先後在桂陵和馬陵大敗魏軍。

小鄉邑聚爲縣，置令、丞，凡三十一縣。爲田開阡陌封疆，而賦稅平。平斗桶權衡丈尺。行之四年，公子虔復犯約，劓之。居五年，秦人富強，天子致胙於孝公，諸侯畢賀。

其明年，齊敗魏兵於馬陵，虜其太子申，殺將軍龐涓。其明年，衛鞅說孝公曰：『秦之與魏，譬若人之有腹心疾，非魏并秦，秦即并魏。何者？魏居領阨①之西，都安邑，與秦界河而獨擅山東之利。利則西侵秦，病則東收地。今以君之賢聖，國賴以盛。而魏往年大破於齊，諸侯畔②之，可因此時伐魏。魏不支秦，必東徙。東徙，秦據河山之固，東鄉以制諸侯，此帝王之業也。』孝公以爲然，使衛鞅將而伐魏。魏使公子卬將而擊之。軍旣相距③，衛鞅遺魏將公子卬書曰：『吾始與公子驩，今俱爲兩國將，不忍相攻，可與公子面相見，盟，樂飲而罷兵，以安秦魏。』魏公子卬以爲然。會盟已，飲，而衛鞅伏甲士而襲虜魏公子卬，因攻其軍，盡破之以歸秦。魏惠王兵數破於齊秦，國內空，日以削，恐，乃使使割河西之地獻於秦以和。而魏遂去安邑，徙都大梁。梁惠王曰：『寡人恨不用公叔座之言也。』衛鞅旣破魏還，秦封之於、商十五邑，號爲商君。

注釋 ①領阨：山嶺險要處。領，通『嶺』。阨，通『隘』，狹隘，險要。②畔：通『叛』。③距：通『拒』，抵禦。

譯文 新法令在民間實行了一年，來秦國國都說新法不適宜的老百姓的人數要以千來計算。正在這個時候，太子觸犯了新法。衛鞅說：『新法實行得不順利，是由於上面的人觸犯法令。』打算依據法令懲罰太子。太子是國君的繼承人，不能施加刑罰，於是對監督他行爲的老師公子虔加以刑罰，對給他傳授知識的老師公孫賈處以黥刑。第二天，秦國的百姓就都遵照新法執行了。實行新法令十年以後，秦國的百姓都非常高興，路上沒有人撿得他人遺失的東西占爲己有，山林裏沒有盜賊，家家富裕，人人滿足。百姓都勇於爲國家打仗，不敢私人鬥毆，無論是鄉村還是城鎮都秩序安定。當初說新法令不適宜的秦國百姓如今都說法令適宜了，衛鞅說：『這些都是擾亂教化的人。』於是把他們全部遷移到邊疆居住。此後，百姓中再也沒有人敢議論法令了。

於是秦孝公任命衛鞅擔任大良造，命他率領軍隊圍攻魏國的安邑，迫使安邑投降。過了三年，秦國在咸陽大興土木，建築宮廷、城闕，把國都從雍地遷往咸陽。然後下令禁止百姓父子兄弟共同居住，養育後代。把零星的小鄉、小鎮、小村莊合并成縣，設置了縣令、縣丞，共計合并了三十一個縣。整治田地，重新聚土作爲標志，劃分縱橫交錯的田塍的界綫，從而使賦稅徵收整齊劃一。統一全國斗桶、權衡、丈尺等量度單位的標準。第二次新法實行了四年，公子虔再次觸犯新法，被判處劓刑。過了五年，秦國變得富裕、強大，周天子把祭肉賜給秦孝公，各國諸侯都來祝賀。

第二年，齊國的軍隊在馬陵打敗了魏國的軍隊，俘獲了魏太子申，殺死了將軍龐涓。又過了一年，衛鞅勸秦孝公說：『秦國和魏國的關係，就如同人得了心腹疾病，不是魏國兼并秦國，就是秦國吞并魏國。什麼原因呢？魏國地處崇山峻嶺的西面，都城在安邑，與秦國以黃河爲界而獨占了崤山以東的地利。在形勢有利的情況下就會向西進犯秦國，在形勢不利的情況下就向東擴展領地。如今憑借大王的賢能聖明，秦國得以繁榮昌盛。而魏國去年被齊國打得大敗，諸侯們紛紛背叛了它，可以趁這個機會攻打魏國。魏國抵擋不住秦國，必定會向東撤退。一旦它向東撤退，秦國就占據了黃河和華山的險要地勢，向東可以控制諸侯各國，這可是千秋帝王偉業啊！』秦孝公認爲說得對，於是派遣衛鞅率領軍隊攻打魏國。魏國派公子卬領兵迎擊秦軍。兩軍相遇對峙，衛鞅派人給魏軍的將領公子卬送來一封信，寫道：『我當初與公子相交甚好，如今你我同爲敵對兩國的將領，不忍心相互功伐，可以與公子當面相見，締結盟約，痛痛快快地喝幾杯後各自撤兵，讓秦國和魏國都相安無事。』魏公子卬認爲衛鞅說得對。兩人會面後，訂立了盟約，然後設宴飲酒，然而衛鞅事先埋伏下的穿着盔甲的武士突然襲擊并俘虜了魏公子卬，趁機攻打他的軍隊，將魏國軍隊徹底打垮後，押着公子卬班師回國。魏國的軍隊因爲多次被齊國、秦國打敗，致使國內空虛，魏國一天比一天衰弱了，魏惠王非常恐慌，於是派遣使者割讓河西地區獻給秦國，以求得和解。魏國於是撤離安邑，遷都大梁。魏惠王說：『我眞後悔當初沒有采納公叔座的意見啊。』衛鞅打敗魏軍回來以後，秦孝公把於、商一帶的十五個邑封給了他，從此號稱商君。

原文

商君相秦十年，宗室貴戚多怨望者。趙良見商君。商君曰：『鞅之得見也，從孟蘭皋，今鞅請得交，可乎？』趙良曰：『僕弗敢原也。孔丘有言曰：「推賢而戴者進，聚不肖而王者退。」僕不肖，故不敢受命。僕聞之曰：「非其位而居之曰貪位，非其名而有之曰貪名。」僕聽君之義，則恐僕貪位貪名也。故不敢聞命。』商君曰：『子不說吾治秦與？』趙良曰：『反聽之謂聰，內視之謂明，自勝之謂強。虞舜有言曰：「自卑也尙矣。」君不若道虞舜之道，無爲問僕矣。』商君曰：『始秦戎翟之教，父子無別，同室而居。今我更制其教，而爲其男女之別，大築冀闕，營如魯衛矣。子觀我治秦也，孰與五羖大夫賢？』

趙良曰：『千羊之皮，不如一狐之掖①；千人之諾諾，不如一士之諤諤。武王諤諤以昌，殷紂墨墨②以亡。君若不非武王乎，則僕請終日正言而無誅，可乎？』商君曰：『語有之矣，貌言華也，至言實也，苦言藥也，甘言疾也。夫子果肯終日正言，鞅之藥也。鞅將事子，子又何辭焉！』趙良曰：『夫五羖大夫，荆之鄙人也。聞秦繆公之賢而願望見，行而無資，自粥於秦客，被褐食牛。期年，繆公知之，舉之牛口之下，而加之百姓之上，秦國莫敢望焉。相秦六七年，而東伐鄭，三置晉國之君，一救荆國之禍。發教封內，而巴人致貢；施德諸侯，而八戎來服。由余聞之，款關請見。五羖大夫之相秦也，勞不坐

戰國策云孝公行商君法十八年而死，與此文不同者，槩此直云相秦十年耳，而戰國策乃云行商君法十八年，蓋連其未作相之年耳。

百里奚，南陽宛人。屬楚，故云荆。

乘，暑不張蓋，行於國中，不從車乘，不操干戈，功名藏於府庫，德行施於後世。五羖大夫死，秦國男女流涕，童子不歌謠，舂者不相杵。此五羖大夫之德也。今君之見秦王也，因嬖人景監以爲主，非所以爲名也。相秦不以百姓爲事，而大築冀闕，非所以爲功也。刑黥太子之師傅，殘傷民以駿③刑，是積怨畜禍也。教之化民也深於命，民之效上也捷於令。今君又左建外易，非所以爲教也。君又南面而稱寡人，日繩秦之貴公子。詩曰：「相鼠有體，人而無禮，人而無禮，何不遄死。」以詩觀之，非所以爲壽也。公子虔杜門不出已八年矣，君又殺祝懽而黥公孫賈。詩曰：「得人者興，失人者崩。」此數事者，非所以得人也。君之出也，後車十數，從車載甲，多力而駢脅者爲驂乘，持矛而操闟戟者旁④車而趨。此一物不具，君固不出。書曰：「恃德者昌，恃力者亡。」君之危若朝露，尚將欲延年益壽乎？則何不歸十五都，灌園於鄙，勸秦王顯巖穴之士，養老存孤，敬父兄，序有功，尊有德，可以少安。君尚將貪商於之富，寵秦國之教，畜百姓之怨，秦王一旦捐賓客而不立朝，秦國之所以收君者，豈其微哉？亡可翹足而待。』商君弗從。

百里奚

百里奚，亦稱百里子或百里，名奚。春秋時楚國宛（今河南南陽）人。生卒年不詳，秦穆公時賢臣，著名的政治家。

注釋　①掖：同『腋』。②墨墨：通『默默』。不言，無聲息。③駿：通『峻』。④旁：同『傍』，依傍，靠近。

譯文　商君在秦國擔任相國十年，公室貴族中有很多人都怨恨他。趙良去見商君。商君說：『我能見到您，是經由孟蘭皋的介紹，現在我請求與您結交，可以嗎？』趙良回答說：『我不敢奢望啊。孔子說過：「推薦賢能，受到擁戴的人才會進用；收羅不肖之徒，即使成就了王業的人也會引退。」我聽到過這樣的話：「不該擁有的地位而去占據它叫作貪位，不該享有的名聲而去享有它叫作貪名。」我如果接受了您的情誼，我恐怕就成了既貪圖地位，又貪圖名聲的人了。所以不敢從命。』商鞅說：『您對我這樣治理秦國感到很不高興嗎？』趙良說：『能夠聽取別人的反對意見叫作聽，能夠自我反省叫作明，能夠克制自我叫作強。虞、舜曾說過：「自我謙虛的人就能被人尊重。」您不如遵循虞舜之道，那就沒有必要問我了。』商君說：『當初，秦國的習俗和戎狄相同，父子之間沒有區分，男女老少同室居住。如今我改變了秦國的舊俗陳規，制定男女的區別，分居而住，脩建了很多懸示政教法令的門闕，把秦國營建得如同魯國、衛國一樣。您看我治理秦國，與五羖大夫相比，誰更高明？』

趙良說：『一千張羊皮不如一隻狐狸的腋毛貴重，一千個人隨聲附和比不上一個士人的直言爭辯。周武王因爲允許大臣們直言爭辯而使國家昌盛，商紂王因喜好大臣不進諫而使國家滅亡。如果您不認爲周武王的做法是錯的，那麼，請允許我始終直言而不受責難，可以嗎？』商君說：『常言是這麼說：「表面上動聽的話就好比是花朵，直言不諱的話就如同果實，苦苦相勸、聽來逆耳的話就好比是藥石，諂媚奉承的話就如同疾病。」您果眞肯始終正義直言，那便是我的治病良藥。我將以您爲師，您又何必拒絕與我結交呢！』趙良說：『那位五羖大夫，原本是楚國偏遠之地的鄉下人。聽說秦繆公十分賢明，就想去當面拜見，但是卻沒有路費，於是把自己賣給秦國的客商，穿着粗布短衣喂牛。經過一年之後，秦繆公知道了這件事，把他從牛口之下提拔上來，讓他凌駕於萬人之上，秦國沒有人敢同他相比。在他擔任秦相的六七年時間裏，向東討伐過鄭國，三次擁立晉國的君主，一次出兵挽救楚國。在境內發布政教，施行德化，連巴國都前來進獻貢品；對諸侯施行德政，連四面八方的少數民族都前來臣服。由余聽到這種情形，也來叩關求見。五羖大夫擔任秦相時，即使很疲勞也不坐車，即使酷暑炎熱也不打傘，在國內巡行，不用隨從的車輛，也不攜帶武裝防衛，他的功名載於史冊，保存在府庫中，他的德行教化流傳到後代。五羖大夫去世時，秦國不論男女都痛哭流涕，小孩子們都不唱歌謠，舂米的人也因爲悲哀而發不出相應的呼聲。這就是五羖大夫的德行啊。當初您得以進見秦王，是利用秦王寵臣景監的推薦介紹，這就說不上是成名的正道了。出任秦相，卻不爲百姓造福，反而大規模地建造宮闕，這就說不上是爲國家建立功業的舉動。對太子的老師和太傅處以刑罰和黥刑，用嚴刑酷罰殘害平民百姓，這是在積累怨恨，醞釀禍患啊。教化百姓要比用法令命令百姓更加能夠深入人心，百姓模仿上邊的行爲比執行法令更爲迅速。如今您卻違背情理來建立權威，改變法制，這不是用來教化百姓的辦法啊。您同時又在封地中坐北朝南自稱寡人，每天都用新法來逼迫秦國的貴族子弟。《詩經》上說：「看那鼠都懂得禮貌，人反而沒有禮儀，人既然沒有禮儀，爲什麼不快死呢？」用詩句中的話來評價您的所作所爲，實在不能算是能夠長壽的行爲。公子虔閉門不出已經八年了，您又殺死了祝懽，并且以黥刑懲處了公孫賈。《詩經》上說：「得到人心的就會興旺發達，失掉人心的就會衰弱滅亡。」這幾件事，都是不得人心的啊。您一出門，後邊跟隨了幾十輛車子，車上都是全副武裝的衛士，身強力壯的人做陪乘，手持矛戟的武士緊靠您的車子快速地行走。這些防衛措施缺少一種，您就堅決不出行。《尚書》上說：「依仗德行的昌盛，依仗暴力的滅亡。」您的處境已經危險到了好比早晨的露水的地步了，很快就會消亡，您還想要延年益壽嗎？那爲什麼不歸還封地的十五個城邑給秦國，到偏僻荒遠的地方自耕自種，勸說秦王重用那些隱居在山林的賢士，贍養老人，撫恤孤兒，使父兄相互敬重，依據功勞晉升爵位，尊崇有德行的人，這樣才可以稍微求得平安。您如果仍然要貪圖商、於的財富，認爲獨攬秦國

畜牧封侯

晉獻公滅虞，俘虜了虞國大夫百里奚，就將他作爲穆姬隨嫁的人陪嫁到秦國。百里奚逃走，又被楚國人捉去放牧。秦穆公胸懷大志，却苦於無賢才輔佐，於是派使者到楚用五張公羊皮將他贖回，以百里奚爲國相。

的政教才是榮寵，繼續聚集百姓的怨恨，一旦秦王去世而不再當朝，秦國用以拘捕您的罪名難道能少嗎？您的死期就指日可待了。」但商君沒有聽從趙良的勸告。

原文　後五月而秦孝公卒，太子立。公子虔之徒告商君欲反，發吏捕商君。商君亡至關下，欲舍客舍。客人不知其是商君也，曰：『商君之法，舍人無驗者坐之。』商君喟然嘆曰：『嗟乎，爲法之敝①一至此哉！』去之魏。魏人怨其欺公子卬而破魏師，弗受。商君欲之他國。魏人曰：『商君，秦之賊。秦強而賊入魏，弗歸，不可。』遂內秦。商君既復入秦，走商邑，

與其徒屬發邑兵北出擊鄭。秦發兵攻商君，殺之於鄭黽池。秦惠王車裂商君以徇，曰：『莫如商鞅反者！』遂滅商君之家。

注釋 ①敝：通『弊』。弊病，害處。

譯文 五個月以後，秦孝公去世，太子即位。公子虔這幫人告發商君要謀反，國君就派人去逮捕商君。商君逃到邊境關口，打算住旅店。旅店的主人不知道他就是商君，說：『商君的法令規定：住店的人如果沒有通行證件而被店主留宿的話，店主要連帶判罪。』商君長長地嘆息一聲，說：『哎呀！制定新法的弊病竟然到了如此地步！』於是離開秦國，逃到了魏國。魏國人怨恨他欺騙公子卬而使魏軍慘敗，拒絕接納他。商君打算逃到別的國家，而魏國人卻說：『商君，是秦國的逃犯，

車裂商鞅

商鞅沒有聽從趙良的勸告，最終作繭自縛，身死族滅。

秦國強大，而它的逃犯跑到魏國來，不把他遣送回去，是不行的。』於是把商君送回秦國。商君再次進入秦國後，就潛逃到他的封地商邑，和他的部屬調動邑中的士兵，向北攻打鄭國謀求生路。秦國派遣軍隊攻打商君，在鄭國的黽池殺死了他。秦惠王把商君的尸體車裂以示衆，說：『不要像商鞅那樣謀反！』於是又誅殺了商君全族。

原文 太史公曰：商君，其天資刻薄人也。迹其欲干孝公以帝王術，挾持浮說，非其質矣。且所因由嬖臣，及得用，刑公子虔，欺魏將卬，不師趙良之言，亦足發明商君之少恩矣。余嘗讀商君開塞耕戰書，與其人行事相類。卒受惡名於秦，有以也夫！

譯文 太史公說：商君是個天性殘暴寡恩的人，考察他起初用帝王之道游說孝公來求取他的信任，衹不過是一時的虛飾浮說，并不是他的本性。況且通過國君的寵臣推薦，等到取得信任後，就刑罰公子虔，欺騙魏將公子卬，不聽從趙良的規勸，都可以充分證明商君殘暴寡恩了。我曾經讀過商君《開塞》、《耕戰》等著作，其內容與他本人的行爲處事非常相似。他最終還是在秦國落得了謀反的惡名，

是有内在原因的啊！

【賞析】商鞅變法是我國歷史上成功的一例變法。秦孝公時，已進入七雄爭霸的戰國時期，周室衰微，諸侯相互攻伐，鬥爭異常激烈，誰想立於不敗之地，誰就得尋求自強的途徑。商鞅就是順應了歷史的潮流。他三見孝公，說以強國之術，君臣默契，奠定了變法成功的基礎。

記述變法的矛盾衝突是本文的一大特點。商鞅變法未行，就遭到守舊派的公然反對。商鞅與甘龍、杜摯面對面的鬥爭，其焦點就集中在「法古」、「循禮」還是「治世不一道，便國不法古」的衝突上。變法實行，衆皆嘩然，「言初令之不便者以千數」，商鞅卻立木懸賞，取信於民；刑太子師，以肅其法。變法十年，「秦民大悅」，「家給人足」，「民勇於公戰、怯於私鬥」，國家日益強盛。秦師包圍安邑，俘魏公子卬，迫使魏國割地遷都，就是變法極富成效的佐證。

商鞅悲劇的結局是與守舊派鬥爭的延續。與趙良一席談話，其禍已萌，但商鞅終未采納趙良言，受制於自己的變法，作繭自縛，以至身死族滅。從章法結構上看，前有蓄勢，後有照應，通篇以變法作骨。開始言商鞅「好刑名法術之學」，爲變法作了鋪墊；繼而「鞅欲變法」，導出革新與守舊的鬥爭；

「卒定變法之令」，具體記載了新法的内容；而結尾處則是「嗟乎，爲法之敝一至此哉」。材料取捨緊緊圍繞變法之骨，使得骨堅而肉豐、血脈貫通而主題突出。

《商君列傳》乃歷史實錄，這是不言而喻的。而強烈的文學色彩，特別是適當的小說因素，更突出了這篇列傳的眞實性。本文調動了誇張、比照、對偶、排比等多種文學手段，析理透辟、深刻，語言生動、形象。而這些文學手段多着眼於人物精神世界的刻畫和細節的描寫，使人物更爲豐滿、靈動、傳神，而又不失歷史的眞實。商君逃難一段，《戰國策》中并沒有記載。恐怕出於司馬遷的虛構，這一細節顯然又是後世小說創作中的「誤會法」，運用誤會，產生矛盾，引起戲劇性效果。這類細節不僅不傷害歷史的眞實，而且使歷史人物、歷史事件的本質彰明、突出，增強了歷史感，從而給人以更生動、更形象、更深刻的印記。

【集評】【索隱述贊】衛鞅入秦，景監是因。王道不用，霸術見親。政必改革，禮豈因循。既欺魏將，亦怨秦人。如何作法，逆旅不賓！